HARTMUT BRINKMANN

Der mit den Rosen spricht

HARTMUT BRINKMANN

Der mit den Rosen spricht

111 Geschichten einer außergewöhnlichen Freundschaft

KOSMOS

Inhalt

Anstelle eines Vorworts

Ein Gedanke vorweg, noch verschlossen wie in einer Knospe.
Vielleicht erblüht er,
bevor die letzte Seite dieses Buches aufgeschlagen ist.
„Was wäre denn, wenn
das, was wir für Zufall halten,
gar kein Zufall wäre?
Was wäre denn, wenn
Rosen sehr viel mehr für uns bedeuten,
als wir mit bloßem Auge sehen
und mit der Nase riechen können?“
Eine Idee nur, verschlossen wie ein Samenkörnchen
in einer Hagebutte.
Vielleicht reift sie, bis dieses Buch zugeklappt wird.

Rosen statt Rasen

Es war an einem schönen Sommertag. Wir kamen mit dem Auto zurück von einer Rosenreise, die uns nach Sparrieshoop in Holstein geführt hatte. Wir waren voll der Erzählungen über und der Anblicke von Rosen, also heiteren Gemüts und mit Gelassenheit angesichts der Beschwernisse eines Autobahnalltags. Und da sahen wir sie, quergespannt an Autobahnbrücken, schon von weitem gut lesbar, die Spruchbänder mit der erzieherisch gemeinten Mahnung: „Reisen statt Rasen."

Nun reisen wir ohnehin lieber, und rasen ist nicht wirklich unser Vergnügen. Aber dieser Spruch hatte es für uns in sich. Meine mit mir durchs Leben und durchs Rosenleben Reisende stimmte mir sofort zu, das war unser neues Motto: „Rosen statt Rasen." So ist er seither geschrumpft, der Rasen in unseren beiden Gärten. Als Stellfläche für Liegestühle noch willkommen, auch als Weg zwischen den Rosenbeeten, aber sehr viel mehr auch nicht. Eben Rosen statt Rasen.

Warum ich meine Rosen duzen darf

In unseren Gärten wachsen viele Rosen, zu denen meine Mitgärtnerin und ich einen besonderen persönlichen Bezug haben. So ist das bei meiner Lieblingsrose; sie trägt den Namen meines Hörfunkprogramms 'NDR 1 Radio Niedersachsen'.

Wir haben Rosen in unserem hannoverschen Kleingarten, die ich zum ersten Mal im Rosarium in Sangerhausen gesehen und dann bei uns gepflanzt habe: zum Beispiel 'Europa-Rosarium Sangerhausen' und die berühmte „Grüne Rose", 'Viridiflora', bei der sich die

Blütenblätter durch eine natürliche Mutation zu grünen Blattkränzen zurückgebildet haben.

Wir haben mit 'Bobbie James' eine besonders aufregende Sturm-und-Sturz-Geschichte erlebt, die uns immer mit ihr verbinden wird. Manchmal hat uns auch der Name angezogen, wie bei der Rose 'Funkuhr'.

Da waren auch erinnerungswürdige Ereignisse, in deren Folge ich eine Rose gepflanzt habe, wie die Louis-Lens-Züchtung 'Hedi Grimm', die wir am 3. Juli 2005, am Rosariumsgeburtstag in Sangerhausen, zu Ehren einer bewunderungswürdigen Rosenfreundin getauft haben.

Da sind liebe Freunde, die uns zum ersten Besuch im neuen Haus eine Rose mitgebracht haben: die nimmermüde 'Palmengarten Frankfurt'.

Da ist ein besonderer Ort, an den uns eine Rose erinnert. 'The Fairy' auf dreibeinigem Hochstamm, entdeckt und gekauft im „Park der Gärten“ in Bad Zwischenahn.

Bei der berühmten Rosa viridiflora haben sich mit der Zeit die Blütenblätter in grüne Blattkränze umgewandelt.

*„Du bist zeitlebens für das verantwortlich,
was du dir vertraut gemacht hast.
Du bist für deine Rose verantwortlich.“*

Antoine de Saint-Exupéry in „Der kleine Prinz“

Da ist ein besonderer Platz im Garten, zu dem genau diese Sorte passt: Die Rose 'Awakening' grüßt uns, wenn wir nach dem Erwachen aus dem Schlafzimmerfenster blicken.
Da hat mich in einer meiner Sendungen ein Wissenschaftler auf eine schützenswerte Rose aufmerksam gemacht, Dr. Volker Wissemann auf die Dünenrose, die *Rosa spinosissima*, von der Robert Markley in seiner Rosen-Enzyklopädie so treffend geschrieben hat: „Eine heimische Wildrose, in deren einfachen, nach Honig duftenden Blüten dem Betrachter die Urform aller Rosenblüten begegnet.“ Sie gedeiht prächtig bei uns am Rande eines Wassergrabens.
Für uns ist er fast noch wichtiger als Finessen der Gartengestaltung – der persönliche Bezug, die Verbindung zu unseren Rosen. Zu ihnen muss ich deshalb nicht „Sie“ sagen; wir dürfen uns, wenn wir miteinander sprechen, duzen.

'Amadeus' – ein Star im Mozartjahr

Sie kam blühend zu uns in den Kleingarten, in einem großen Kübel, eine ausgewachsene Kletterrose mit dem schönen Namen 'Amadeus'. W. Kordes' Söhne hatten sie frisch auf den Markt eingeführt, sie war also eine echte Neuheit, als ich sie mit ihren weithin leuchtenden, blutroten Blüten als Star den Gästen unserer „Offenen Pforte" vorführen konnte. Einem Landtagsabgeordneten gefiel sie besonders gut, weil sie erstens eine Schönheit ist, und weil zweitens sein Sohn auch Amadeus heißt.

Ich sagte unseren Besuchern eine große Zukunft dieser Sorte voraus, als würdige moderne Nachfolgerin der traditionsreichen 'Sympathie'. Dann kam, bei der nächsten ADR-Prüfung (Allgemeine Deutsche Rosenneuheiten-Prüfung), für mich die kleine Enttäuschung. Sie erhielt nicht das begehrte ADR-Qualitätszeichen, weil sie in einem Teil der Prüfgärten nicht bestanden hatte. Einige Ergebnisse waren hervorragend, an anderen Orten aber nicht, es reichte nicht.

Aber in meinem Kleingarten zeigt sich 'Amadeus' völlig unbeeindruckt von diesem Expertenurteil. Sie steht im Hintergrund und strahlt. Deshalb habe ich sie ein zweites Mal gepflanzt, in unserem Westersteder Garten, dem ADR-Ergebnis zum Trotz. Hier ist sie eine von mehreren an einer langen Kletterwand, und auch hier hat sie das Mozartjahr in Bestform bestanden. Zwei gute Standorte für diese Rosensorte kenne ich also schon, und beide sind zum Glück dort, wo wir zu Hause sind.

'Angela' – ein Gartenbesuch mit blühenden Folgen

Im Arboretum Ellerhoop-Thiensen führte uns der Hausherr durch seine Anlagen. Der Baumpark bietet unerschöpfliche Motive. Ich habe sie noch deutlich vor Augen, die vielfältigen Pfingstrosen, die blaublütigen Seerosen und die Rosenbeete, aus denen eine Gruppe besonders herausragte: 'Angela'. Sie wurde von Prof. Hans-Dieter Warda auch eigens gelobt, diese öfterblühende Strauchrose mit ih-

Durch ihre hübschen rosafarbenen Blüten überzeugt 'Angela' in jedem Garten.

ren gefüllten rosa Blüten. Ich habe sie, zur Erinnerung an unseren gelungenen Ausflug, in unseren Kleingarten gepflanzt.
Da steht sie nun als charaktervolles Einzelstück. 'Angela' hat seither alle Expertenurteile bestätigt. Sie nimmt die Schattenzeiten des Tagesverlaufs nicht übel, ist robust und blühbereit und bietet am Ende eines Durchgangs einen anziehenden Blickfang. Ein lebender Beweis für meine Erfahrung: Es lohnt sich, Gärten zu besuchen.

'Awakening' – der Morgengruß vorm Schlafzimmerfenster

Mein Rosentagebuch weist es aus: Die Kletterrose 'Awakening' habe ich genau am 29. August 2005 an meine Kletterrosenwand gepflanzt. Sie war ein Geschenk von lieben Rosenfreunden, und ich habe ihr einen besonderen Standort ausgewählt. Ich habe sie so gesetzt, dass wir sie vom Schlafzimmerfenster aus morgens, nach dem Erwachen, schon blühen sehen können. Das tut sie mehrfach mit großen, hellrosafarbenen Blumen, die eine krause, dicht gefüllte Mitte präsentieren.

Ich habe über diese Sorte nachgelesen, dass sie aus der Tschechoslowakei über England ins Ammerland gekommen ist. Ihre Vorzüge – lange Blühzeit, gute Winterhärte – hat sie uns bisher bestätigt. Ihr süßer Duft ist immer wieder neu eine Verlockung, in den Garten zu treten, den Morgengruß zu erwidern und eine Nase voll Rosenaroma zu nehmen. 'Awakening' ist meine kleine Verbeugung vor Eos, so hieß im alten Griechenland die Göttin der Morgenröte.

'Bobbie James' – von Aufstieg, Fall und Wiedergeburt

Kletterrosen wachsen an Hauswänden. Das ist eine alte Erfahrung. Ramblerrosen wachsen auch in Bäume. Das kommt zunehmend in Mode und ist auch wirklich eine feine Sache. Man kann aber auch, wenn man gute Gründe dafür hat, senkrecht in den Boden versenkte Stangen benutzen und Kletterer daran in die Höhe schicken.

So hat man es vor Jahren schon in der Baumschule Karl Otto Schütt in Vorder-Neuendorf gemacht, in der Wilster Marsch in Holstein. Ich weiß das von Elke Schütt, und sie hat es uns im Rosenfreundeskreis Hannover bei einem Vortrag auf eindrucksvollen Dias gezeigt. Ein sechs Meter langes Stahlrohr, Durchmesser 100 Millimeter, anderthalb Meter ins Erdreich gebohrt, viereinhalb Meter in die Höhe gestellt, einen Rambler daran gepflanzt und ihn wachsen lassen, das ist der erste Teil des Rezepts. Der zweite: Wenn die Rosen wachsen, halten sie Drahtringe aufrecht und verhindern, dass sie zur Seite fallen, bevor sie oben angekommen sind – dann dürfen sie sich nach allen Seiten neigen und seitlich herunterhängen.

Was bei Schütts in der windreichen Wilster Marsch erfolgreich funk-

Üppig blühte 'Bobbie James' an über sieben Meter langen Trieben in unserem Garten – bis zu seinem Fall …

tioniert, das müsste doch auch bei uns am Rande des Stadtwaldes Eilenriede, wo es weniger stürmisch zugeht, möglich sein. Und es würde vor allem Platz sparen, den habe ich in meinem Kleingarten schließlich nur in der Vertikalen, dem Himmel entgegen. Diese Überlegungen führten schnell zum praktischen Versuch. Ein Stahlrohr ließ sich beschaffen, weil ein Gartenfreund in einem Betrieb arbeitete, der so etwas produzierte. Nun ließen sich sechs Meter Metall schwerlich auf dem Fahrrad oder in der Straßenbahn unterbringen. Aber der Gartenfreund war praktisch und löste das Problem: Das Rohr wurde in drei Teile zersägt, Gewinde wurden gedreht, Muffen als Bindeglieder eingesetzt, und dann haben wir die drei Teile bei uns im Garten zusammengeschraubt. Die Kletterstange für 'Bobbie James' stand an ihrem Platz.

Denn 'Bobbie James' musste es sein, wenn schon, denn schon. Die Ramblerrose mit den cremeweißen Blüten war uns bei Freunden aufgefallen, da hatte sie einen Mirabellenbaum erobert und sehr lebendig dekoriert. 'Bobbie James' wurde gepflanzt und von meiner Mitgärtnerin und mir mit guten Wünschen auf den Weg geschickt, zuerst nach unten, für möglichst tief reichende Wurzeln, und dann nach oben, für möglichst hoch reichende Blütentriebe.
Nun hatten wir schon ein paar Jahre früher in anderthalb Meter Entfernung, südlich von der Stange, an eine Pergola am Rande des Gartens eine Kiwi-Pflanze der Sorte 'Weiki' gepflanzt, die in Weihenstephan gezüchtete Kiwi mit den kleinen, stachelbeergroßen, aber wohlschmeckenden Früchten. Sie wuchs schnell in die Höhe, ließ sich aber mit den Früchten viele Jahre Zeit. Sie brauchte ihre Kraft wohl zunächst zur Eroberung unseres Gartenraums, und das tat sie gründlich.
Als nämlich 'Bobbie James' an der Stange emporwuchs, beobachteten wir eines Tages, wie ein dünner langer Kiwitrieb auf die Stange zielte. Nicht etwa, weil sie in Sonnenrichtung stand, im Gegenteil. 'Weiki' pendelte in der Luft hin und her und suchte mit der Spitze ihres Triebes genau im Norden, der Sonne abgewandt, die vielversprechende Senkrechte, an der sie emporklettern konnte. Ein paar Tage dauerte es nur, dann hatte sie die Stange genau erwischt, hielt sie fest, fuhr ihren Trieb weiter aus und wickelte sich in die Höhe. Mit 'Bobbie James' um die Wette.
So ging das eine gute Zeit. Wer zuerst an der Spitze war, in viereinhalb Metern Höhe, weiß ich nicht mehr. Beide Pflanzen vermählten sich, wuchsen ineinander, hielten sich gegenseitig fest, blühten um die Wette – 'Bobbie James' spektakulärer. Sie trugen Früchte, von denen, im oberen Bereich, vor allem die Vögel profitieren konnten. Eine Idylle, unter der sich eine schattige Laube gebildet hatte. Da setzte ich an heißen Sommertagen Tisch und Stühle

drunter und schrieb in der nur von Vogelgesang belebten Gartenstille stimmungsvolle Manuskripte.
Nichts hätte den Frieden unseres Gartenhöhepunktes trüben dürfen. Doch das Schicksal nahte drei Wochen vor der von uns angekündigten „Offenen Pforte", dem Tag im Juni, an dem viele Besucher über unseren blühenden Hingucker staunen sollten. An einem verhängnisvollen Nachmittag saß meine Liebste auf dem schmalen Rasenstück mitten im Garten und begann, sich wegen eines stärker werdenden Windes erste Sorgen zu machen. Dann geschah es: Sturm kam auf und knickte 'Bobbie James' mit aller Wucht um. Die Stange brach im unteren Drittel, die zentnerschwere Rose sank zur Seite, gehalten von den vielen um sie gedrehten Zweigen der benachbarten Kiwi. Das stachelige Ungetüm fiel zum großen Glück in die ungefährliche Richtung und verschonte meine Brigitte. Ihr blieben der Schreck und der Kummer über den Verlust des Stars in unserem Garten.
Nach dem Schrecken haben wir den Schaden angesehen. Nach den Ursachen geforscht. Überlegt, ob etwas zu retten wäre. Mit Freunden geplant, was wir aus dem Missgeschick machen könnten. Drei Wochen bis zur „Offenen Pforte" waren wirklich keine lange Frist. Der Schaden war beträchtlich, aber beherrschbar. Viele Blütenzweige waren unter der Wucht des Gewichts zerstört. Aber keiner der Haupttriebe war gebrochen, sie waren alle nur umgebogen, und die Kiwi hatte den Sturz verlangsamt, abgemildert, gefedert. Es war mehr ein Umsinken als ein Einknicken gewesen. Die Ursache war schnell gefunden: Die scheinbar pfiffige Erfindung mit der dreigeteilten Stange hatte genau an der unteren Muffe eine Schwachstelle eingebaut. Wo das Gewinde geschnitten war, trennte eine Sturmbö wie mit dem Beil das Metall in zwei Teile. Der Rettungsbeschluss fiel schnell. Es wäre zu einfach gewesen, alles zu zersägen, auszugraben, zu schreddern und für immer Abschied zu nehmen.

Wir haben unserer Rose dann, mit unseren guten Freunden, eine stabile und gut gesicherte Kletterwand gebaut, ein Holzgerüst, drei Meter hoch, vier Meter breit. Wir haben die restlichen Triebe, was ihnen sehr gut bekommen ist, gespreizt, seitlich aufgebunden, da konnten sie aus vielen Augen heraus neu austreiben und in die Höhe wachsen. Ich habe in jenen Tagen viel mit 'Bobbie James' geredet und sie zum Durchhalten gedrängt. Vor allem habe ich sie mit ausreichend Wasser versorgt, mit großen Mengen an heißen Tagen, und das hat ihr gut getan.

Zur „Offenen Pforte" hatte ich eine aufregende Geschichte zu erzählen und viele aufmerksame Zuhörer. Einige sagten sich schon fürs kommende Jahr an. Und da, einen Juni nur später, war kein Schaden mehr erkennbar, die Kletterwand war mit blühenden Zweigen gefüllt, 'Bobbie James' war wirklich auferstanden, wie neu geboren, und schöner als je zuvor. Sie ist es bis heute geblieben.

Der Hobbygärtner wird zu selten gelobt. Da muss er es manchmal selber tun.

„Sie sind Rosenzüchter?"

Das werde ich immer wieder mal gefragt: „Ach, Sie sind ein Rosenzüchter?" Nein, das bin ich wirklich nicht. Ein Rosenfreund, ein Rosenliebhaber, einer, der Rosen pflanzt und hegt und pflegt und mit ihnen spricht, da sage ich ja. Aber ehrlich kein Züchter. Ich habe noch nie Rosen miteinander gekreuzt und daraus eine neue Rosensorte in die Welt gesetzt.

Rosenzüchter benötigen für diesen komplizierten Vorgang acht bis zehn Jahre, und das können nur die wenigen Profis, die Rosenzüchter eben, und auch die wenigen Liebhaberzüchter, deren neue Rosensorten seltener Eingang in den Rosenmarkt finden.
Ihre Welt ist voller Rosenmärchen. So hieß einmal eine Floribundarose des weltbekannten Züchters Wilhelm Kordes II. Sein Enkelsohn hat mir von 'Rosenmärchen' erzählt, und ich gebe diese kleine Geschichte hier weiter. 'Rosenmärchen' stammte aus einer nun wirklich nicht märchenhaften Zeit, aus dem Kriegsjahr 1940. In den USA wurde sie später unter dem Namen 'Pinocchio' gehandelt. Rosenzüchter Eugene Boerner, der damals beim Unternehmen Jackson & Perkins tätig war und Wilhelm Kordes gut kannte, hat mit dieser Rose weiter gearbeitet, und daraus entstand eine ebenfalls berühmt gewordene Sorte: 'Zorina'. Die brachte Reimer Kordes, Sohn von Wilhelm II. und Vater vom heutigen Wilhelm III., aus den USA mit nach Sparrieshoop und benutzte sie stark in der weiteren Züchtung. Ein Abkömmling wurde 'Zwergkönig 78' getauft, und diese Rose wurde dann Großmutter väterlicherseits der Sorte mit dem einprägsamen Namen 'NDR 1 Radio Niedersachsen'.
Wenige Rosensorten von heute wären auf der Welt und in unseren Gärten, wenn nicht Rosenzüchter ihre Hände und ihren Verstand, ihr Geschick und ihr Gespür im Spiel gehabt hätten. Sie alle haben Vorfahren, Vorgänger, sind ohne die nicht denkbar. Eine wächst aus der vorhergehenden. Das bedeutet im konkreten Fall: Ohne 'Rosenmärchen' keine 'Zorina', ohne 'Zorina' kein 'Zwergkönig 78', und ohne ihn nicht genau diese, unverwechselbare, von allen anderen unterscheidbare 'NDR 1 Radio Niedersachsen'-Rose.
In diesem Leben werde ich zwar kein Rosenzüchter mehr, der neue Sorten erschaffen könnte. Ich bleibe aber ein Bewunderer der Rosenzüchter und ihrer Arbeit. Sie helfen der Natur auf die Sprünge und schenken der Welt neue Meisterwerke.

Gartenkunst, Rosenschnitt und Hornochsen

In meinen frühen Gartenjahren hatte ich eine Gartenzeitschrift abonniert. Da las ich einmal in der Oktoberausgabe, ich solle nun dringend alle meine Rosen um ein Drittel herunterschneiden. Ich habe mich damals schon gefragt, wie das nur möglich ist.
Denn ich hatte doch schon von meinen Rosenfreunden gehört, dass das Frühjahr der richtige Zeitpunkt für den Rosenschnitt ist. Ich las auch beim weltberühmten Rosenzüchter Wilhelm Kordes II. in seinem „Rosenbuch“, was er bereits 1931 über den Rosenschnitt geschrieben hatte. Er überarbeitete 1971, im achtzigsten Lebensjahr, die zehnte Auflage seines „Rosenbuchs“, aktualisierte sie, fasste die Erkenntnisse eines langen Rosenlebens zusammen, blieb bei seinem

Viele tausend Sämlinge blühen jedes Jahr auf den Saatbeeten der Züchter. Nur die besten Rosen kommen als neue Sorten auf den Markt.

alten Urteil und schrieb den übereifrigen Gartenfreunden dies ins Stammbuch: „Es gibt Menschen, die glauben, die Erfindung von Schere und Messer sind nur gemacht, damit sie von allen Pflanzen, die ihnen in den Weg kommen, was abschneiden können. Das nennen solche Hornochsen dann Gartenkunst."

Wilhelm Kordes II. warnte vor unbedachtem Schnitt im Herbst und vor zu befürchtenden Schäden durch Frost: „Jeder Schnitt im Herbst, der anderes entfernt als totes, schwaches Holz, tut unseren Rosen Böses an." Und dieses Wissen hätte sich doch seit 1931, oder auch seit 1971, allmählich herumsprechen dürfen.

Ich habe es oft im Radio weitergesagt, was ich von Wilhelm Kordes und anderen Kennern gelernt habe. Aber trotzdem: Wenn ich irgendwo mit Hobbygärtnern über Rosen rede, lautet oft spätestens die dritte Frage: „Die Rosen muss ich doch im Herbst herunterschneiden, oder?" Der alte Rosenkenner durfte, was ich tunlichst vermeide: Von Hornochsen reden.

Die Absicht des Schöpfers erforschen

Die Begegnung mit Rosenzüchtern gehört für mich zu den liebenswerten Erlebnissen. Ob es ein ganzer Tag gewesen ist wie bei Dr. Eckart Haenchen, ob es ein Umweg über eine Dolmetscherin sein musste wie bei Louis Lens, oder ein kurzes Treffen auf dem Marktplatz von Sangerhausen mit Peter Harkness : Alle drei haben sich tief bei mir eingeprägt und mein Verhältnis zu Rosen – ohne Übertreibung – noch intensiver werden lassen.

Von Dr. Eckart Haenchen wusste ich schon vor meinem Besuch in Dresden-Cossebaude, dass er zu DDR-Zeiten einer der bedeutenden Rosenzüchter war. Obwohl in Sangerhausen im Rosarium in der Abteilung, in der die DDR-Rosen aufgepflanzt sind, der Züchtername Haenchen nirgendwo auf den Namensschildern zu lesen ist. Dafür aber oft: Baumschulen Dresden. Bei sich zu Haus, am heutigen Gartencenter, das sich gerade von den Verwüstungen des schrecklichen Elbehochwassers erholt hatte, sprach er zuerst – nein, nicht von sich, nicht von seinen Zuchterfolgen, sondern von seinem Großvater Victor Teschendorff, der einst den Handel mit Rosen so erfolgreich begründet hatte.

Doch dann war davon die Rede, wie er, der studierte Gärtner, zur Rosenzucht gekommen ist. Es waren sowohl Zufall als auch schlichte Notwendigkeit nach der deutschen Nachkriegstrennung, die ihn dazu brachten, sich Jahrzehnte lang mit Strauchrosen, Floribunda, Teehybriden, Kletterrosen zu beschäftigen. Kurz gesagt: Die Betriebe in der DDR konnten die westdeutschen Züchtungen nicht kaufen und in Lizenz vermehren, weil dafür keine Devisen vorhanden waren. Also mussten sie eigene Sorten züchten. Haenchen hat damals mit der Rosenzucht einfach angefangen und alles Nötige probiert. Sein Gartenbaustudium half dabei weniger als das Lernen mit Versuchen, als die Augen aufmachen. Die ersten Sorten betrachtet er heute als unbedeutend, kein Wunder bei den primitiven Bedingungen für die Zucht, die ihm zur Verfügung standen, so hatte er kaum frostfreie Gewächshäuser.

Viele seiner Rosenkinder leben heute noch in mittel- und ostdeutschen Gärten, nicht nur im Sangerhäuser Rosenmuseum: Die gelbblühende 'Citrina' etwa, die zweifarbige, rotgelbe 'Kontrast', die lachsrosa 'Basilika', drei Teehybriden aus dem Jahr 1981. Wichtig waren neue Farbnuancen, und sehr zeitig waren Haenchen und seine Kollegen auf die Gesundheit der Rosen bedacht. Der Mangel an chemischen Ressourcen, an Pflanzenschutzmitteln, musste durch Züchtungserfolge ausgeglichen werden. Das nüchterne Urteil des Züchters, nach einem Besuch im Rosarium und einem kritischen

Vergleich: „So schlecht waren die Sorten gar nicht, die können sich auch heute noch sehen lassen."

Den Rosenzüchter Louis Lens aus Belgien habe ich leider nicht persönlich kennenlernen können. Eilike Vemmer, Rosenfreundin in Vechelde-Wedtlenstedt, hat ihn mir in vielen Jahren nahe gebracht, als Rosendolmetscherin sozusagen, und hat mich die Persönlichkeit hinter den Rosensorten erahnen lassen. Sie hat mir die vielen guten Lens-Rosen in ihrem eigenen Garten gezeigt, sie hat mit mir in Sangerhausen vor 'Guirlande d'Amour' gestanden, bevor ich die Sorte zu mir nach Haus holte. Eine Moschata-Hybride, dauerblühend, kleinblütig, gefüllt, mit weißen langen Blütentrauben, ihr großer Strauch blüht ohne Pause bis zum Frost. 100 Louis-Lens-Rosen sind im Europa-Rosarium versammelt. Viele von ihnen sind nicht im Handel, sie stehen nur hier und in Wedtlenstedt.

Für Eilike Vemmer ist Louis Lens einer der bedeutendsten Rosenzüchter des 20. Jahrhunderts. Seine Moschata-Hybriden und Wildrosenkreuzungen mit ihren einfachen Blüten sind für naturnahe Gärten besonders geeignet. Auch alle gefüllt blühende Sorten zeichnen sich durch beständige Gesundheit aus. Die besonderen Rosen aus Wildzüchtungen sind beim Lens-Nachfolger Rudy Velle im belgischen Oudenburg zu beschaffen.

Vom englischen Rosenzüchter Jack Harkness, gestorben 1994, hatte ich gelesen. Von seinen Söhnen Robert und Philipp hatte ich gehört. Sie haben die reinweißblühende Floribundarose 'Princess of Wales' gezüchtet und mit der Prinzessin kurz vor ihrem tragischen Unfalltod im August 1997 der Öffentlichkeit präsentiert. Die Bilder der neuen Rose gingen um die Welt, als Dianas Söhne sie ihr auf den Sarg gelegt hatten, mit einem Brief an ihre Mutter. Millionen Menschen haben den Trauerzug gesehen und die Rosen und waren gerührt. Rosenfreunde haben 'Princess auf Wales' danach bei der Rosenunion in Steinfurth bestellt und gepflanzt.

Aus der Harkness-Familie habe ich Peter persönlich kennengelernt, beim Rosenkongress in Sangerhausen, zum 100. Geburtstag des Rosariums. Auf dem Marktplatz vor einem Café, im Sonnenschein, umringt von Rosenfreunden aus ganz Deutschland und aller Welt, saß mir ein freundlicher weißhaariger britischer Gentleman wie aus dem Bilderbuch gegenüber und rühmte sein Wiedersehen mit der Geschichte der Rosenwelt. 75 Harkness-Sorten hatte er im Rosarium gefunden. Besonders hatte ihn die Entdeckung von 'Gladys Harkness' gefreut, einer von Dickson in Irland im Jahr 1900 gezüchteten Sorte, nach einer Tante benannt. Und die blühte, im Rosariumsfeld G188, direkt neben der Rose aus dem Jahr 1922, 'Wilhelm Kordes'. Tante Gladys im Bett, im Beet neben Wilhelm Kordes – Peter Harkness hatte ein spitzbübisches Gesicht aufgesetzt im Sangerhäuser Sonnenschein.
Der neugierige Journalist wollte wissen, was denn diesen Schöpfungsakt ausmacht, wenn zwei Rosen gekreuzt werden. Peter Harkness wies auf die 250 Millionen Möglichkeiten hin, die dabei herauskommen können, „es ist das Erforschen der Absicht des Schöpfers". Das Aufregendste bei einer neuen Sorte? „Ein wunderbares Gefühl der Erwartung, wenn von 40.000 Sämlingen vielleicht vier oder fünf ausgewählt sind." Die Ziele der Züchtung? „Schönheit zuerst, dann Lebenskraft und Gesundheit, danach der Duft. Die Rosen sollen vollkommen sein".

„Was den Winter über
Oft unheilbar schien:
Es entweicht das Fieber,
Wenn die Rosen blühen."

Kalenderblatt aus dem 19. Jahrhundert

Die wunderschöne, rosa blühende 'Bonica 82' ist eine der bekanntesten Beetrosen.

'Bonica 82' – als Steckling kleiner und genauso fein

Von Rosenzüchtern lernen, das gelingt mir leicht bei jeder Begegnung mit Klaus-Jürgen Strobel. Der Vizepräsident der Gesellschaft Deutscher Rosenfreunde bringt, im freundlichen Gespräch, ganz nebenbei die handfeste Rosenkunde unter, ohne dass der Empfänger sich belehrt fühlen müsste.

Nach Hannover, zu einer dieser ertragreichen Fortbildungen für Rosenfreunde unter dem Markenzeichen „Kasseler Rundgespräch", hatte Klaus-Jürgen Strobel stecklingsvermehrte Beetrosen der Meilland-Sorte 'Bonica 82' zur Demonstration mitgebracht. Ich habe schnell gelernt, dass die stecklingsvermehrten kleiner bleiben als die auf Wildling veredelten, kleiner, aber genau so fein. Ihre leuchtend rosa Blüten, die wie aus Porzellan geformt wirken, sind genau so zauberhaft wie bei den größeren Schwestern. Und sie wachsen auch genau so schön und gesund wie die Veredelten.

An einem der Exemplare durfte ich das in meiner Gartenpraxis ausprobieren. Ich kann es beurteilen: 'Bonica 82' hat ihr ADR-Diplom im Einführungsjahr zu Recht erhalten, sie trägt es bis heute mit Grazie.

Über die französische Rosenzüchter-Dynastie Meilland und ihre Rosen weiß in Deutschland kein zweiter so viel wie Klaus-Jürgen Strobel. Sein Vater war schon mit der Familie Meilland befreundet und geschäftlich verbunden. Klaus-Jürgen hat als junger Mann dort in Südfrankreich in den Betrieben gearbeitet, ist deutscher Partner von Meilland in der zweiten Generation geworden. Wie 'Gloria Dei' weltberühmt geworden ist, weiß er aus den Erzählungen. Wie Meilland die weltberühmte Schnittrose 'Baccarat' geschaffen hat, das hat er miterlebt. Und alle Meilland-Produkte, die für den deutschen Markt bestimmt sind, haben seinem Kennerblick standhalten müssen.

'Europa-Rosarium Sangerhausen' – ein blühender Wegweiser

Da bin ich sicher: Die Rose da gleich hinter meiner Gartenpforte hat keiner, kennt kaum einer meiner Gäste. Sie ist ein wunderbarer Anknüpfungspunkt für die zwanglose Überleitung zu einem Lieblingsthema bei mir im Garten. Entweder war mein Besucher schon mal dort in Sangerhausen am Südharz, dann fällt ihm der Name auf dem Tontöpfchen vor der Rose gleich auf. Oder er hat schon einmal etwas von der größten Rosensammlung der Welt gehört, weiß aber nicht mehr darüber und fragt: Wo liegt das eigentlich? Dann kann ich auf den südlichen Zipfel des Bundeslandes Sachsen-Anhalt verweisen, der nach Thüringen hineinragt. Oder aber das Europa-Rosarium ist ihm völlig fremd : Dann steht meinem missionarischen Eifer nichts mehr im Wege.

Das geht natürlich einfach, bei diesem schönen Strauch. Die mehrfach rosa blühende 'Europa-Rosarium Sangerhausen' ist vom Liebhaberzüchter Dr. Johann Schmadlack aus Dresden-Pillnitz gezüchtet worden, eine der 50 Sorten, die er in die Welt gesetzt hat. Wer mehr davon sehen möchte, der muss einfach dem Namen der Rose folgen und sich auf die Reise machen. Ich kann den Weg, den ich so oft gefahren bin seit 1995, wirklich gut beschreiben.

Hoher Schnee – aufregende Gewissheit

Den berühmten Rosengarten am Südharz, das weltweit bekannte Gartenkulturdenkmal in Sangerhausen, habe ich zum ersten Mal im Januar des Jahres 1995 gesehen. Es hatte kräftig geschneit, hoher Schnee lag im Europa-Rosarium Sangerhausen, als Ingomar Lang, der damalige Direktor, mich durch die Anlage führte. Wir stapften in dicken Stiefeln herum, und ich wusste es sofort. Wenn dieser Park mit seinen frosterstarrten Rosensträuchern im Winter so aufregend aussah, wie viel aufregender müsste er erst im Sommer wirken, wenn Millionen Blüten ihre Fülle verschenken.

An diesem Tag im Januar hat mich das Rosarium gefangen genommen. Seit diesem Jahr habe ich immer neue Gründe zum Wiederkommen gefunden, zu allen Jahreszeiten. Manche Rosenschönheiten in meinen eigenen Gärten wachsen hier nur, weil ich ihnen in Sangerhausen begegnet bin. Viele Rosengeschichten habe ich nur

Auch im Winter haben Rosengärten einen ganz eigenen Charme. Manche Rosen verzaubern selbst mit ihren erstarrten Blüten.

erleben dürfen, weil ich damals, im schneereichen Januar 1995, nach Sangerhausen gereist bin. Die schönsten Abenteuer können mit einer ganz gewöhnlichen Bahnfahrt beginnen.

Wie K.A. die DDR überlebte

Konrad Adenauer war der erste Kanzler der Bundesrepublik Deutschland. Konrad Adenauer war kein Rosenzüchter, obwohl ihm das bis heute immer wieder irrtümlich nachgesagt wird. Er war ein Rosenliebhaber, der seine Rosen eigenhändig gehegt und gepflegt hat. Aber er hat nicht eine einzige neue Sorte durch Kreuzung vorhandener Sorten neu geschaffen. Das ist kein Makel; er hätte es gar nicht gekonnt. Diese Erklärung soll nicht sein Ansehen schmälern, sondern für sprachliche Klarheit werben. Nur wenige Menschen sind wirklich Rosenzüchter.

Mathias Tantau war ein berühmter Rosenzüchter, und auch sein Sohn Mathias jun. In der Familiengeschichte liest man: „Einer seiner ersten Erfolge und darüber hinaus eine große Ehre war die Teehybride 'Konrad Adenauer-Rose', benannt nach dem ersten Kanzler der Bundesrepublik Deutschland. Konrad Adenauer persönlich wählte diese Sorte aus und taufte sie; war er doch selbst ein großer Rosenenthusiast und suchte für seinen Namen eine großblumige Edelrose in Rot mit besonders starkem Duft."

Der Namensgeber taufte seine Rosensorte 1953 anlässlich der Internationalen Gartenbauausstellung in Hamburg. Mathias Tantau jun. schickte, wie die anderen westdeutschen Züchter, seine Pflanzen damals nach Sangerhausen, bevor der Eiserne Vorhang auch die Rosenwelt störte. So kam 'Konrad Adenauer' ins Rosarium. Weil dort Namensschilder zum guten Brauch gehörten, konnte jeder Besucher lesen, nach wem diese Sorte benannt war.

Vor mir liegt das „Rosenverzeichnis Rosarium Sangerhausen, 4. Auflage, 1988". Auf Seite 65, zwischen den Sorten 'Koningin Juliana' und 'Konrad Glocker' lese ich: „ K. A.Rose (M. Tantau 1954)". Der damalige Rosariumsdirektor Ingomar Lang hat mir die Geschichte selbst erzählt. Die Rose 'Konrad Adenauer' missfiel aus politischen Gründen einer SED-Kommission, die das Rosarium inspizierte und das Namensschild entdeckte. Bevor die angeordnete Beseitigung vollzogen werden konnte, wurden die Pflanzen über Nacht gestohlen. Später standen sie an anderer Stelle, ohne Namensschild. Und im Rosenverzeichnis wurden sie so geführt, dass kein Parteifunktionär erkennen konnte, wer sich dahinter verbarg: K.A. Man hätte schon Phantasie haben müssen, oder den Rosenzüchter M. Tantau kennen müssen, um Argwohn zu schöpfen. So kommt es, dass Konrad Adenauer in Sangerhausen bis heute die DDR überlebt hat.

Die Auferstehung der Kaiserin Auguste Viktoria

Es hat sich nicht ergeben. Ich hätte ihn so gern kennengelernt. Er lebte noch, als ich nach Sangerhausen kam. Dann starb er plötzlich und ließ seine Kläre allein: Paul Täckelburg. Aber sie ist gar nicht allein, sie hat ihre Familie, sie hat ihre Erinnerungen an ihren Paul, den studierten Obergärtner und Sortimentserhalter der Nachkriegsjahrzehnte, Paul Täckelburg. Bei Kläre Täckelburg auf dem Sofa haben, in den schwärzesten Zeiten des Kalten Krieges, Rosenmenschen aus dem Westen und aus ferneren Ländern gesessen, Kaffee und Kuchen und Gespräche genossen und sich liebevoll ins Gästebuch eingetragen. Nach der Wende wuchs der Besucherstrom, aber die Herzlichkeit der Gastgeberin blieb. Sie ist stolz auf jede Seite des Gästebuches. Ihr Sohn Ulli kennt sich am besten damit aus, was drin steht; er erinnert sich an jedes Detail und jeden Gast.

Zu den schönen Geschichten, die mir Kläre Täckelburg erzählt hat, gehört die vom Verschwinden und der Auferstehung der Kaiserin Auguste Viktoria. Sie war in ihrer Zeit, vor dem Ersten Weltkrieg, Protektorin des Vereins Deutscher Rosenfreunde. Ihr zu Ehren wurde im Juli 1913 im Rosarium ein Marmorstandbild geweiht, eine Hermenbüste von Bildhauer A. Künne aus Berlin.

Das war eine Schenkung des Apothekers und Rosenfreundes Franz Hahne aus Wernigerode. Sie erhielt ihren Platz in der Hauptblickachse des Rosariumeingangs. Der Vaterländische Frauenverein veranstaltete zur Enthüllung der Büste einen Rosentag und verkaufte Rosen zugunsten der Armen der Stadt. Die Büste überlebte das Kaiserreich, sie blieb in zwei Weltkriegen unbeschädigt.

Nach dem Zweiten Weltkrieg verschonte zunächst ein russischer Besatzungsoffizier die schöne Frau aus Marmor. Doch dann drohten kommunistische Bilderstürmer mit der Zerstörung der Büste auf der prominent platzierten Säule. Bevor sie zuschlagen konnten, verschwand die Kaiserin buchstäblich über Nacht. Kläre Täckelburg weiß noch, wie sie das kostbare Kunstwerk in ein Bettlaken eingehüllt und gemeinsam mit ihrem Mann in das an verschwiegener Stelle geschaufelte Grab gebettet hat. Dort ruhte Auguste Viktoria für Jahrzehnte unerkannt und unentdeckt. Erst als, in der Endzeit der DDR, keine Gefahr mehr bestand für ihren Erhalt, konnte sie auferstehen. Paul Täckelburg griff unter dem Vorwand, einen Baum pflanzen zu wollen, genau an der Stelle, die er gut in Erinnerung hatte, zum Spaten, grub und entdeckte, oh Wunder, die Hermenbüste, eingehüllt und unversehrt.

Auguste Viktoria wurde dann zunächst diskret, etwas abseits, an der Wolfsschlucht aufgestellt. Nach der Wende aber, da kam sie wieder voll ans Tageslicht, nahezu an den alten Platz. Dass sie noch existiert, ist allein der Pfiffigkeit und dem Trotz der Täckelburgs zu verdanken. Die einstige Schirmherrin der Rosenfreunde wurde ihrerseits posthum beschützt, im Namen der Rose.

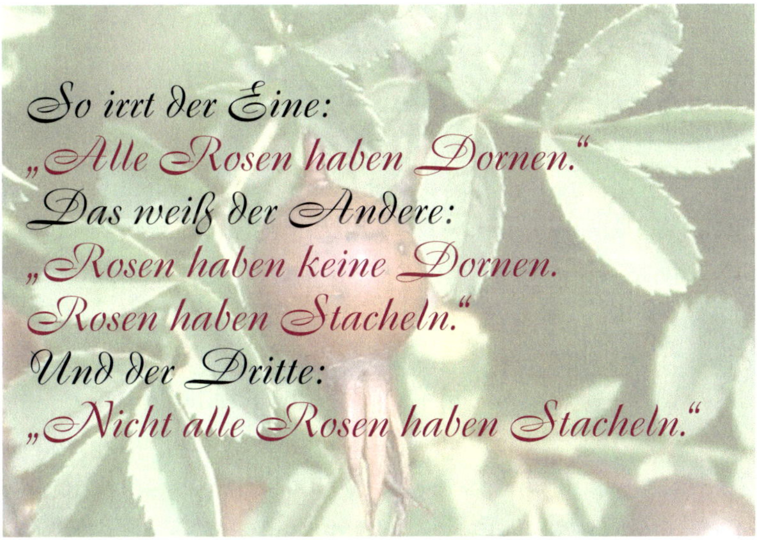

Harmonie und Nutzen, Information und Lebensfreude

Wer das Europa-Rosarium Sangerhausen nur aus der Zeit vor dem Jubiläumsjahr 2003 kennt, hat viele Gründe, so bald wie möglich wieder in die Rosenstadt zu reisen und nach den sehenswerten Veränderungen zu schauen. Der neue Eingang oben am Hang, gleich wenn man von der Autobahn kommt, gestattet einen weiten Blick über die moderne Erweiterung des historischen Geländes, hinüber zum Wahrzeichen der einstigen Bergbauregion, zur mächtigen Abraumpyramide, die den Horizont begrenzt.

Mein erster Gang führt von hier direkt zum Jubiläumsgarten. Den hat die gemeinnützige VDR-Stiftung Europa-Rosarium Sangerhausen der Rosenwelt geschenkt, zum 100. Geburtstag des Rosariums. Er stellt, mit lebenden Zeitzeugen, die Rosengeschichte der vier Vierteljahrhunderte seit 1903 dar und bietet einen Anblick von hohem ästhetischem Reiz. In den wenigen Jahren haben seine Ramblerrosen, begleitet von Clematis, die metallenen Rankbögen und Säulen gefüllt. Die 'Sangerhäuser Jubiläumsrose', an dieser Stelle getauft, versinnbildlicht als pastellfarbenblühende Märchenrose aus dem Hause Kordes die vielen Rosenmärchen, die mit diesem Ort verbunden sind. Hier hat Josef Raff, Ehrenpräsident der Gesellschaft Deutscher Rosenfreunde und Vorsitzender der Stiftung, dem Rosarium einen neuen Höhepunkt geschaffen. Die Bänke im Jubiläumsgarten sind Spenden von Persönlichkeiten und von Rosenfreundeskreisen.

Von hier aus erobere ich mir die Fortschritte im neuen Teil des Rosariums und wechsele dann hinüber in den historischen Park. Da ist viel Vertrautes für mich, aber die Anlage lebt und verändert sich unter den Händen der Rosengärtner, sodass ich nie müde werde, Neues zu entdecken. Auf dem Rückweg dann gehe ich über eine Wiese kurz vorm Ausgang in den ADR-Garten. Hier sind alle ADR-

Die Neuheit 'Escimo' überzeugte die ADR-Prüfer in allen Prüfgärten und erhielt 2006 das begehrte ADR-Qualitätszeichen.

Rosen in Reih und Glied aufgepflanzt und beschildert. Hier kann ich mir ansehen, wie gut 'Escimo' und 'Flashlight' wachsen, wie gesund das Laub der 'Roten Hannover' ist, wie die Farbnuancen der Blüten von 'Sinea' wirken. Ich kann mir Notizen machen für meine nächste Rosenbestellung. Ein Rosariumsbesuch ist für mich – neben dem Erlebnis von Schönheit, Harmonie und Lebensfreude – immer auch eine Angelegenheit, die mir und meinen Gärten Nutzen bringt. Der ADR-Garten zeigt mir Jahr für Jahr Neuigkeiten und ist ein weiterer Grund fürs Wiederkommen.

Bruder Alfons kehrt zurück ins Eichsfeld

Im Morgengrauen standen wir zu dritt im Garten hinter dem Kloster Germershausen. Es war Mitte November. Wir sahen nach den Rosen, die wir tags zuvor eingeschlagen hatten, und wurden von einem Rauschen überrascht, das über uns hin und her wogte, anschwoll, wieder abklang, wie Sturmböen am Himmel. Wir blickten auf und sahen sie, schwarze Wolken, die sich ständig veränderten. Stare, zu Tausenden. Sie flogen hin und her, ließen sich in hohen

Bäumen und auf einer Scheune in den Wiesen nieder, um gleich wieder aufzusteigen, so als sammelten sie sich. Sie weckten alle Mitreisenden auf, schauten nach, dass niemand zurückbliebe, und starteten zu ihrem Zug nach Süden.

Wir haben dann Rosen vors Kloster gepflanzt. Rosen aus Sangerhausen, von Bruder Alfons. In Germershausen hat er sie gezüchtet, der als Franz Brümmer geborene Augustinermönch. Er nannte sie, in der ersten Hälfte des vorigen Jahrhunderts, 'Gruß an Germershausen' und 'Eichsfeldia', weil sein Kloster ja im Unteren Eichsfeld lag, nicht weit entfernt von Duderstadt. Seine Liebhaberzüchtungen hat er alle nach Sangerhausen gebracht, ins Rosarium. Er hat auch über sie viel in der Rosenzeitung des Vereins Deutscher Rosenfreunde geschrieben, ich habe es neulich noch nachlesen können im Archiv des Rosariums. Dort sind die Züchtungen von Bruder Alfons über die Jahrzehnte hinweg erhalten worden.

Eine ist bis heute populär und weit verbreitet: 'Maria Liesa', die von Liebau 1936 in den Handel gebracht wurde. Eine andere muss man sich in Sangerhausen ansehen, sie trägt den niedlichen Namen 'Hildeputchen', ein unschuldiger Kosename für des Lehrers Töchterlein in der Nachbarschaft des Klosters. 'Agnes und Bertha', zwei Haushälterinnen im Kloster, gaben einer weiteren Kletterrose ihren Namen.

In Germershausen wusste man noch von Bruder Alfons. Aber von seinen Eichsfelder Kletterrosen war nichts mehr vorhanden. Wir haben sie und damit Bruder Alfons 1997 zurückgeholt. Hella Brumme in Sangerhausen hat Pflanzen vermehrt und ins Eichsfeld gebracht. Bürgermeister Wolfgang Nolte, damals Stadtdirektor, hat 'Eichsfeldia', eine weißblütige Kletterrose, an die alte Stadtmauer gepflanzt und als Geschenk in Nachbargemeinden auch im Oberen Eichsfeld weitergereicht. Sie wächst heute auch in Kirchohmfeld am „Heinrich-Werner-Denkmal", am Grenzlandmuseum in Teistungen

und in Dingelstädt. Und auf Gut Herbigshagen, bei der Heinz-Sielmann-Stiftung.
Und in der Tiefenriede in Niedersachsens Landeshauptstadt.
Die Stare übrigens habe ich wenige Tage nach unserer Pflanzaktion im Fernsehen wiedergesehen. Eine Reportage aus Rom zeigte riesige Schwärme von Staren über der Ewigen Stadt. Sie müssen vom Kloster im Eichsfeld direkt zum Vatikan geflogen sein und dort von Bruder Alfons und seinen Rosen berichtet haben.

Eine blutige Schramme auf der Stirn

An einem freien Freitag im Januar des Jahres 2003 habe ich an den öffentlichen Rosen in unserer Kleingartenanlage gearbeitet. Wir hatten da eine milde Gabe angeliefert bekommen, einen großen Berg besten Rinderdungs, und Teile davon habe ich zu Füßen unserer Rosen verteilt, als willkommene Belebung für den Sandboden, der bei uns die Grundlage allen Gärtnerns ist. Es war ein kalter Tag, und ich hatte meine Schirmmütze beiseite gelegt und eine wollene Pudelmütze über beide Ohren gezogen. Die war warm, aber ein taktischer Fehler, der seine Folgen haben sollte.
Damals wuchs mitten im Vereinsgarten, vor der Vereinslaube, eine hohe Kiefer, und in die hinein hatten wir den Rambler 'Bobbie James' wachsen lassen. Und wie kräftig da seine langen Triebe gewachsen waren! Der Sonne entgegen, bis an die Baumspitze und dann an allen Seiten üppig herunterhängend. Im Sommer ein zauberhafter Anblick: Das dunkle Grün der Nadeln, überwuchert vom leuchtenden Weiß vieler tausend Blütendolden, mit vielen gelben Punkten mittendrin. Und dann vom Herbst an unzählige kleine rote Kugeln, ebenfalls in Dolden, die Hagebutten – zwei Mal im

Jahr für lange Wochen ein Hingucker für alle Passanten. Gekauft hatten wir das Prachtstück in Deutschlands ältester Rosenschule (seit 1868), bei Schultheis in Steinfurth.

Ich wusste, 'Bobbie James' würde sich über die winterliche Dunggabe freuen und sie im Frühjahr, wenn es wärmer würde, dankbar in Nahrung umsetzen und nutzen. Ich war mit großem Eifer bei der Sache, mit zu großem Eifer. Als ich mich unbedacht aufrichtete, schrie ich laut auf. Ich war mit der blanken Stirn am dicken Stamm von 'Bobbie James' entlang geratscht und hatte hautnah ausprobiert, was es bedeutet, sich mit den mächtigen Zacken ihrer Stacheln einzulassen. Dass Rosen Gehölze sind und keine Stauden, kann man am Stamm und an den Ästen dieses Ramblers wunderbar erkennen. Wenn man ihnen sehr nahe kommt und kein harter Mützenschirm schützen kann, empfiehlt es sich, ich weiß das seit jenem freien Freitag, das Auge zum Hinsehen zu nutzen.

Die Folge meiner Unachtsamkeit war ein zehn Zentimeter langer, blutiger Riss schräg und quer über die Stirn. Es hatte etwas vom Aussehen eines Seeräubers. Ich habe es sofort weiträumig verpflastert. Die Wunde war zum Glück nur oberflächlich, innen sitzende edle Gegenden meines Kopfes hatte 'Bobbie James' in seiner großen Güte verschont.

Am Tag drauf begingen wir in Sangerhausen die feierliche Eröffnung des Jubiläumsjahres; 1903 war das Rosarium gegründet worden. Das sollte gebührend gefeiert werden, und es wurde dann auch das erfolgreichste Jahr in der Geschichte dieses Rosenparks: Nahezu 170.000 Besucher wurden in der inzwischen größten Rosensammlung der Welt bis zum Ende der Jubelsaison gezählt. Schon zum Auftakt der Feierlichkeiten kam alles, was Rang und Namen hat in der deutschen Rosenwelt, in Sangerhausen zusammen. Sachsen-Anhalts Ministerpräsident Prof. Dr. Wolfgang Böhmer war der prominenteste Gast; er sollte sich noch als fachkundig offenbaren;

von Rosen versteht er wirklich mehr, als seine Referenten ihm aufschreiben könnten; in jungen Jahren hat er selbst okuliert.

Durchs Foyer des Sangerhäuser Gymnasiums schritt ich also, des Pflasters ledig, mit blutrotem Schrägstrich auf der Stirn und begrüßte alle, die ich kannte, die mich kannten. Da trat der Rosenzüchter Heinrich Schultheis aus Steinfurth auf mich zu, sah mir auf die Stirn, lächelte mich an und sagte, wörtlich: „Oh, Herr Brinkmann, hatten Sie eine Begegnung mit 'Bobbie James'?"

An jenem Tag hatte ich fest vor, Heino Schultheis für die Fernsehsendung „Wetten, dass ..." vorzuschlagen. Wetten, dass der Rosenzüchter Heinrich Schultheis in der Lage ist, aus einem Meter Entfernung zu erkennen, welche der 30.000 Rosensorten eine blutige Schramme auf Brinkmanns Stirn gezogen hat!

Ein Hund im Rosenstreik

Im Europa-Rosarium Sangerhausen saßen wir an einem schönen Sommertag auf einer Bank, dem Stadteingang gegenüber, und warteten auf Freunde, die mit dem Morgenzug angereist kommen wollten. Eine Familie mit Kind und Hund, mit einem großen Hund, fiel uns auf. Sie kamen direkt vom Eingang und wollten just ihren

Rundgang beginnen. Nur der Hund wollte nicht. Er legte sich quer über den Weg, streckte alle Viere von sich, machte sich noch schwerer, als er war, und ließ sich nicht vorwärts ziehen. Nicht einmal die paar Schritte bis zu unserer Bank. Ein Hund im Rosenstreik, das war offensichtlich.

Den Hundehaltern war die Angelegenheit irgendwie peinlich. Ich fragte zu allem Überfluss auch noch, ob das Tier vielleicht schlechte Erfahrungen mit Rosenstacheln gemacht habe, oder ob er das Rosarium schon kenne und eine zweite Besichtigung langweilig fände. Ich empfinde da anders, mir wird es nie zuviel, wenn ich in Sangerhausen nach den Rosen schaue, nach meinen Bekannten, nach noch Unentdeckten, Sehenswerten. Aber ein Hund könnte das durchaus anders beurteilen. Nein, sie waren noch nie mit ihm hier. Nein, sie wussten auch nichts von einer Rosenphobie ihres Hausfreunds. Ja, es war zu sehen: Der Hund wollte nicht weitergehen.

Unsere Freunde kamen dann. Als wir sie begrüßt hatten, sahen wir, wie Familie und Hund dem Ausgang zustrebten. Er hatte allen gezeigt, wer der Rudelführer war. Und vor allem: Für heute Schluss mit Rosen, wau! Wir haben übrigens einen sehr schönen Tag verlebt.

Nachrichten vom 3. Juli 2103

Juni 2003, Jacobikirche in Sangerhausen, Auftakt für den Rosenkongress zum 100. Geburtstag des Rosariums, die Kirchenbänke dicht gefüllt. Für meinen Vortrag über die wechselvolle Geschichte dieser einmaligen Einrichtung hatte ich ein Nachrichtenmosaik zusammengestellt, in Zehnerschritten von 1903 über 1913, 1923 und so weiter bis zum Jubiläumsjahr. Da standen Ereignisse aus aller

Welt neben denen aus dem Rosarium und aus der Stadt, Nachrichten aus Deutschland und aus den beiden Deutschland neben denen aus der ganz speziellen Welt der Rosenliebhaber.

Ich führte die Zuhörer auch noch, weit vorausschauend, ein Jahrhundert in die Zukunft hinein. Vorausgeahnte Kurznachrichten vom 3. Juli des Jahres 2103:

„Eine Million virtuelle Dauerbesucher des Rosariums sind im Hypernet registriert. –

Neu erschienen ist die Liste der immergesunden, dauerduftenden Gartenrosen mit zwölfmonatiger Blühgarantie. –

Das Rosenmuseum zeigt ab heute eine echte Rarität, die letzten Exemplare der längst ausgestorbenen Pilzkrankheit Sternrußtau. –

Begeistert reagieren Testpersonen auf Versuche, mit dem Aromaklick aus der Mediabox Rosenduft zu empfangen. –

Der Rosenzüchter Guillermo Kordes V., genannt Wilhelm, gibt bekannt, dass seine Neuzüchtung 'Climbing NDR 1 Radio Niedersachsen' die Höhe von 27 Metern erreicht hat."

Da wachte auch ein übernächtigter Rosenfreund wieder auf, der auf seiner Bank eingeschlummert war.

'Gärtnerfreude' – sturmfest und erdverwachsen

Bei uns ist 'Gärtnerfreude' nicht als Bodendecker eingesetzt. Die Kleinstrauchrose wächst auf zwei Hochstämmen, die 210 Kilometer voneinander entfernt stehen, der in Hannover schon seit Jahren, der in Westerstede noch nicht so lange. Sie überbieten sich in ihren Tugenden: Sie blühen fleißig und fortdauernd, sie trotzen jedem Regen, und winterhart sind sie auch. Sie bieten uns Gärtnern ungetrübt doppelte Freude.

Die gefüllten Blüten der Bodendecker-Rose 'Gärtnerfreude' sehen auch an einem Hochstämmchen gut aus.

Dem Exemplar im Ammerland wollte ich im Herbst Gutes tun. Ich spendierte ihm einen Jutesack für die Krone, als Winterschutz, als Sonnenschutz für die zu erwartenden Februarfröste bei wärmer werdenden Sonnenstrahlen. Doch gut gemeint ist nicht immer gut ausgeführt. Als der Orkan „Kyrill" ganz Europa schüttelte, blieben unsere Gärten unversehrt. Nur der Jutesack über der 'Gärtnerfreude' wirkte wie ein Segel im Sturm, die Böen rüttelten am Stamm, rissen ihn hin und her, lockerten ihn im nassen Erdreich und legten ihn zur Seite. Glück im Orkan: Die Wurzeln hielten fest, ich musste den Stamm nur aufrichten, die Erde festtreten.

Ich bin sicher: 'Gärtnerfreude' ist so, wie wir Niedersachsen uns in unserer Landeshymne besingen, wenn wir Feste feiern: Sturmfest und erdverwachsen. Diese orkanfeste Rose bringt uns Gärtnern weiter Freude.

'Ghislaine de Féligonde' – zauberhafter Zungenbrecher

Wer im Rundfunk spricht, der nimmt es genau mit der richtigen Aussprache. Wer hört, wie sein eigener Name verhunzt wird, der ärgert sich. Aber nicht immer weiß ich, wie jemand ausgesprochen werden möchte. Also muss ich ihn im Zweifel fragen. Aber das fällt selbst mir schwer, wenn es sich um den Namen einer Rose handelt.

Von der wunderbaren Strauchrose und Kletterrose 'Ghislaine de Féligonde' war bei unseren Rosenfreunden oft die Rede, und als ich die erste davon in meinen Kleingarten gepflanzt hatte, und die zweite vor unsere Vereinslaube, da haben mir die unterschiedlichen Arten der Aussprache, die ich zu hören bekam, nicht mehr genügt. Mit ausgesprochenem s oder ohne s? Vornweg mit stimmhaftem weichem Sch wie bei Gigolo oder mit hartem G wie bei Gisela?

In Mallorca am Strand von Port de Pollensa saßen neben mir drei Französinnen, als ich den Namen Ghislaine in einer deutschen Zeitung las. „Wie, bitte, sprechen Sie dies hier aus?" wollte ich wissen, und sie gaben mir Bescheid: Gislaine, wie bei Gigolo und mit s am Ende der ersten Silbe. Aber ganz zufrieden war ich nicht, weil inzwischen Rosenfreunde von einer Reise in die Normandie mit einer ganz anderen Botschaft zurückgekehrt waren.

Ich blieb an diesem so überaus wichtigen Detail ganz intensiv dran – wo kommen wir schließlich hin, wenn wir es mit dem Benennen von Rosen nicht ernst nehmen! Mein Glück: In Hannover, im damaligen Institut Français, lehrte eine Französin, die genau diesen Vornamen trug, und die musste ja nun wirklich wissen, wie ihre Eltern sie genannt hatten. Und das war die Erklärung: Zwei unterschiedliche Aussprachen sind bei diesem zauberhaften Zungenbrecher möglich. Die Variante mit dem Gigolo vorweg und dem

Eine zauberhafte Rose mit edlem Namen: 'Ghislaine de Féligonde'.

ausgesprochenen s ist die volkstümliche, die Kleine-Leute-Vertonung. Und die vornehme der feineren Welt: Gi-laine, ganz ohne s und mit hartem G, wie bei der deutschen Gisela.

Seit ich das weiß, erzähle ich es in Gartenfreundekreisen mit höchst unterschiedlichem Erfolg. So recht glauben will man es mir meistens nicht. Und ab und zu höre ich auch – der Anmut und Lieblichkeit von 'Ghislaine de Féligonde' und dem Reiz ihrer Blüten zum Trotz – ein ganz schnödes Schissläng.

'Gruß an Heidelberg' – mit Schnupfen, aber unverwüstlich

Sie waren schon über achtzig Jahre alt, als sie ihren Kleingarten bei uns gegenüber aufgeben mussten. Das Arztehepaar Dr. Müller hatte hier über Jahrzehnte gegärtnert. Ihr ganzer Stolz war eine Kletterrose an der Laubenwand gewesen, eine 'Gruß an Heidelberg' zur Erinnerung an die gemeinsame Studienzeit in der Universitätsstadt. Sie behielten sie, obwohl sie gelegentlich kränkelte.

Aber das geht uns Menschen nicht viel anders, wir haben auch mal einen Schnupfen; wer kann schon andauernd kerngesund sein. Und als die junge Nachfolgerfamilie den Garten übernahm, da blieb die Rose erhalten. Sie blüht weiter Jahr für Jahr, unverwüstlich, obwohl sie früh ihre Blätter verliert, immer wieder von Sternrußtau befallen wird. Ihre Blüten leuchten bis spät ins Jahr hinein. 'Gruß an Heidelberg' grüßt die Spaziergänger, die vom Weg aus zur Gartenlaube hinüberblicken können. Und sie erfreut unvermindert, allen Krankheitserscheinungen zum Trotz, unsere Nachbarn. Gelegentlich schmückt die junge Frau am Sonntag den Altar in ihrer Kirche mit den Blüten von 'Gruß an Heidelberg'. Und das wäre Dr. Müllers, den beiden Ärzten mit der Anhänglichkeit an Heidelberg und der Zuneigung zu ihrer Rose, sicherlich sehr recht gewesen.

„Sie müssen Rosengärten ansehen!"

Als ich noch ganz neu war im Rosenfreundeskreis Hannover, da sagte mir Katrin Uter einen unvergesslichen Satz: „Sie müssen Rosengärten ansehen!" Niemand muss müssen. Aber nichts ist anregender. Weniges ist aufregender. Wie andere Menschen ihre Gärten angelegt haben, wie und was sie gepflanzt haben. Was sie sich dabei gedacht haben. Welche Rosen an welchen Standorten besonders gut gedeihen. Was den Gärtnern, Profis oder Amateuren, gut gelungen ist, und auch: Was ich auf keinen Fall nachmachen möchte. Das alles habe ich seither in vielen Gärten erfahren.

„Sie müssen Rosengärten ansehen!" Aus diesem Satz ist sogar eine langjährige Sendereihe im Radio entstanden. Über private und über öffentliche Gärten in Deutschland. Manchmal ist es schon anregend genug, etwas über eine Anlage zu hören, die man nicht besuchen kann. Oft ist es eine schöne Erinnerung: Da war ich auch schon mal, und da hat es mir gut gefallen, da könnte ich mal wieder hinfahren. Vor allem aber ist die Anregung wichtig: Dort ist ein interessanter Park mit vielen Rosen, ich kenne ihn noch nicht, da will ich unbedingt hin. Da muss ich hin.

„Der Garten ist mein Doktor."

Medizinalrat Dr. Martin Müller

Ein Rosengarten im Karnickelsand

Oldau bei Celle, am Rand der Südheide. Hier habe ich eine meiner ersten Radiosendungen über einen privaten Rosengarten aufgezeichnet. Anne und Eberhard Hentschke führten mich durch ihr Gartenreich. Sie erzählten, wie sie im Laufe der Jahrzehnte aus dem Kinderspielplatz hinterm Eigenheim ein Rosenparadies haben wachsen lassen. Ich bewunderte das Miteinander von Rosen und Stauden, die Harmonie der unterschiedlichen Gartenräume, die liebevoll gestalteten Details und den ganz eigenen Gesamteindruck. Und wir sprachen über praktische Probleme: Wie kann man aus grauweißem Heidesand, aus dem berüchtigten Karnickelsand, fruchtbare Rosenerde werden lassen? Welche Rosensorten gedeihen gut und welche nicht so gut bei uns in der Norddeutschen Tiefebene? Wie kann ich Ramblerrosen in Bäume klettern lassen?

Es war vor allem die Begeisterung, mit der mich die beiden Rosenliebhaber beeindruckt und angesteckt haben. Hierher bin ich seitdem oft zurückgekehrt. Aus Interviewpartnern sind Bekannte, aus Rosenfreunden sind Freunde geworden, denen ich manches Wissen und häufig praktische Hilfe verdanke. Bevor ich mit dem Gärtnern anfing, wusste ich ein Leben lang, von Kindesbeinen an, dass ich zwei linke Hände habe, die nicht einmal zum Einschlagen eines Nagels geeignet sind. Seit ich meinen Kleingarten habe, weiß ich, dass das immer falsch gewesen ist. Es muss mir nur richtig gezeigt werden, ich muss es nur richtig lernen wollen, dann bin ich durchaus, wie die meisten anderen Menschen auch, zu durchschnittlich einfachen Handarbeiten fähig. Wie baue ich eine Pergola? Was Freunde zupackend vormachen, prägt sich am intensivsten ein. Was man mit Freunden gemeinsam erlebt, schafft mehrfache Freude und hält für viele Jahre vor.

Bei Anne und Eberhard Hentschke habe ich auch gelernt, wie sich über die Jahre hinweg ein Garten verändern darf. Was in diesem Jahr noch gut aussah, wird im nächsten, nach einer umsichtigen Umgestaltung, noch besser anzusehen sein. Die Rosensorte, die mickrig blieb, wird nicht vermisst, wenn eine bessere und schönere und gesündere an ihrer Stelle steht. Naturereignisse müssen hinge-

Anregend und aufregend: Rosengärten geben Ideen und sind lehrreich.

nommen und positiv gewendet werden. Als eine Windhose genau an der Grundstücksgrenze den benachbarten Kiefernwald umknickte, pachteten die beiden das angrenzende Areal, erweiterten ihren Gartenzaun, pflanzten Wildrosen und wilde Sträucher und schufen sich und ihren Besuchern ein aufregendes neues Rosenerlebnis.
Am Ende des Grundstücks steht nun auch unser Mammutbaum. Gerd Schmidthammer hatte aus Nordamerika Samen einer *Sequoia* mit nach Haus gebracht und in Hannover nach den Regeln des Lehrbuchs zwei kleine Pflänzchen gezogen, von denen er eines mir schenkte. Ich setzte es zunächst in meinen Kleingarten, wohl wissend, dass er dort nicht bleiben könnte. Mammutbäume gehören nun wirklich nicht in einen Kleingarten. Als er etwa 50 Zentimeter maß, nahmen ihn unsere Oldauer Rosenfreunde in ihre Obhut und gewährten ihm Asyl. Jetzt ist er schon über vier Meter hoch gewachsen, gesund und kräftig. Den ersten Zapfen haben wir bei unserem letzten Besuch entdeckt. In den berühmten Wäldern bei San Francisco werden die Baumriesen über 100 Meter hoch. So viel Platz hat unser Baum auch in Oldau. Und sie werden locker über 2.000 Jahre alt. Das ist eine erfreuliche Perspektive.

Von Rosenfreunden lernen heißt: Von Rosen lernen

In meinen Gärten wird mir die Zeit nie lang. Das Gärtnern ist mir noch immer Lust, nicht Last.
Ein trüber Tag wird aufgehellt, wenn ich bei meinen Rosen sein kann. Ein Sonnentag verdoppelt seinen Reiz, wenn ich ihn bei meinen Rosen verbringen kann.
Von meinen Rosenfreunden habe ich im Laufe der Jahre viel gelernt. Vor allem: Genau hinzusehen. Wenn wir gemeinsam durch

einen öffentlichen Rosengarten gehen, dann suchen wir, was gut ist, und wir schauen auch: Welche Sorten gedeihen hier nicht? Wenn sich die Blätter trotz regelmäßiger Spritzungen schon im Juni gelbbraun färben und abfallen, dann taugt die Sorte nicht mehr für eine chemiefreie Zukunft.

Genau hingesehen habe ich, als ich ausrangierte Rosen geschenkt bekam. Sie waren gerodet und in einer Erdfurche eingeschlagen, als ich sie mitnehmen durfte. Und wie sahen die Wurzeln aus? Die meisten dicken Wurzeln waren in 10 cm Tiefe nicht weiter nach unten gewachsen, sondern quer, da war der Untergrund hart, der Boden festgetreten und undurchlässig. Die Pflanzen hatten es überlebt, aber anders hätten sie es lieber gehabt. Bei mir haben sie genügend tiefen weichen Boden unter die Füße bekommen.

Genau hinsehen lohnt sich auch beim Containerkauf in der Baumschule. Wer die Pflanze kurz aus dem Topf zieht, kann nach den Wurzeln schauen. Falls die Erde zurückbleibt und man die nackten Wurzeln in der Hand hat, steht sie noch nicht lange hier im Topf, dann sollte man sie zurücklassen und ihr Zeit schenken, einen Wurzelballen zu bilden. Falls die Wurzeln waagerecht am Topfrand im Kreis gewachsen sind, rundum, dann steht sie schon sehr lange, zu lange in diesem Topf und niemand hat sie bisher haben wollen – kann ich den Grund erkennen?

Frage:
„Hat der einen grünen Daumen?“
Antwort:
„Grün? Nur ein Daumen?
Der hat zwei Rosenhändchen.“

Genau hinsehen lohnt sich auch, wenn man anderen Rosenfreunden begegnet. Wie sagte doch Oma Luise Sippel in Witzenhausen? „Am besten gedeihen die Pflanzen bei guten Menschen.“

Lockere Hecke am Ortseingang

„Niedersachsen blüht auf“ – so hieß vor Jahren ein landesweiter Wettbewerb von NDR 1 Radio Niedersachsen. Gefragt waren auf lange Sicht angelegte kommunale Aktionen, mit denen mehr Grün geschaffen wurde, Beispiele zum Nachmachen. Die besten wurden prämiert und im Radioprogramm vorgestellt. Hohenhameln war darunter, Gemeinde zwischen Hildesheim und Peine.

Hohenhameln hatte in seiner von intensiver Landwirtschaft geprägten Landschaft das Pflanzen von Bäumen, Sträuchern und anderen Gehölzen angeregt. Das wurde im Jahr 2000 mit einem ungewöhnlichen Preis belohnt, mit einem Wildrosenweg, geplant von Eilike Vemmer, der Vorsitzenden des Rosenfreundeskreises Hannover. Ausgeführt bei einer öffentlichen Pflanzaktion am Ortseingang, an der Bundesstraße 494. Das Ziel: Eine lockere Rosenhecke von ganz eigenem Reiz, mit Sorten, die auch jeder Gartenfreund auf sein eigenes Grundstück setzen kann.

Als wir im Herbst mit der Pflanzaktion beginnen wollten, hatte Herward Vemmer mit schneller Improvisation das erste Hindernis überwunden. Der Boden war zwar auf 160 Meter Länge planiert worden, aber er war schwer und für Spaten unzugänglich, sodass ein Bagger aus dem Bauamt der Gemeinde anrücken und Pflanzlöcher ausheben musste. Das zweite Hindernis für ungestümes Rosenwachstum schufen diensteifrige Arbeiter im folgenden Herbst, als sie die gerade ein Jahr alten Wildrosen und Wildrosenkreuzungen herunterschnitten, statt sie einfach wachsen zu lassen.

Die einmalige Freveltat hat aber weder die *Rosa micranthosepium* noch die 'Magnifica' beeindrucken können, und auch 'Pink Robin' und 'Red Robin' sind in der Folgezeit so gewachsen, wie es sich die Planerin gewünscht hatte. Wer 23 verschiedene Heckenrosensorten in 55 Exemplaren besichtigen möchte, mit ihren Blüten im späten Frühling und im frühen Sommer und mit ihren Hagebutten im Herbst, der sollte zwei Mal nach Hohenhameln reisen. Im Ort weiß man, dass da etwas ganz Besonderes an der B 494 steht.

Pflanzsaison mit Paukenschlägen

Im Oktober 1996 begann die erste Pflanzsaison für die von W. Kordes' Söhne neu in den Markt eingeführte Rosensorte 'NDR 1 Radio Niedersachsen'. Sie begann mit Paukenschlägen, mit zwei Konzerten der Radiophilharmonie Hannover des Norddeutschen Rundfunks im Großen Sendesaal. Beide „Rosenkonzerte" waren ausverkauft. Dem Publikum bot sich ein einmaliger Genuss.

Im Foyer begrüßten Tausende Edelrosen in einer sich drehenden Weltkugel das Publikum. Rosenfreunde, Kleingärtner, Gartenzeitschrift und andere hatten Beratungsstände eingerichtet. Vor dem Konzert, in den Pausen und danach: Rosengespräche.

Gartenberatung für ein Konzertpublikum gilt eher als ungewöhnlich, an diesem Tag war diese Kombination ein großer Erfolg. Operettenliebhaber und Hobbygärtner, Rosen und Musik: ein harmonisches Miteinander. So wurden selbst die zusammengeführt, die sich wenig aus Musik, aber viel aus Rosen machen. Mit denen, die sich viel aus Musik, aber weniger aus Rosen machen. Gemacht haben, bis zu diesem Tag, an dem die Pflanzsaison mit Paukenschlägen eröffnet wurde.

Unermüdlich im Sonderzug nach Sangerhausen

Rosenfreunde sind Frühaufsteher. Nicht alle, aber sicherlich die, die zu Hunderten mit uns in den Sonderzügen nach Sangerhausen fuhren. Start um 5:15 Uhr am Ausgangsort, unterwegs stiegen noch viele dazu, und alle waren in fröhlicher Erwartung. Damit die Zeit nicht lang wurde, boten wir Rosenberatung aus Expertenmund an, in einem für diesen Zweck umgebauten Salonwagen in der Mitte des Zuges.

In Nordhausen stiegen zwei Persönlichkeiten in den Zug, gingen durch die Abteile und begrüßten alle Reisenden. Die eine war die amtierende Rosenkönigin Sissi I – charmant und liebenswert, im königlichen Gewand. Der kräftige Herr an ihrer Seite wurde für den Bodygard gehalten. Es war: Sangerhausens Oberbürgermeister Kupfernagel. Dann kam der wunderschöne Tag im Rosarium. Dort, wo – wie Reporterin Bettina Prigge einmal formulierte – „alles in der Vergangenheit wurzelt und in die Zukunft wächst“. Die größte Rosensammlung der Welt steht nicht zu Unrecht im Guinnessbuch der Rekorde. Mehr als 7.000 Sorten und Arten, mehr als 70.000 Rosenstöcke, darunter allein 850 verschiedene Kletterrosen – da werden der Rosenfreundin die Stunden nicht lang, in der Gemeinschaft mit Gleichgesinnten schon gar nicht.

Der Rückweg dann zum Bahnhof führt, an Kletterrosensäulen entlang, durch die mehr als 1.000 Jahre alte Altstadt, die sich zum Teil attraktiv herausgeputzt hat.

Auf dem Weg nach Haus hatten sie noch immer nicht genug vom Rosenthema. Im Beratungswagen in der Mitte des Zuges ging es hoch her, bis – spät am Abend – alle wieder in ihren Heimatorten abgeliefert waren. Wenn es um ihre Leidenschaft geht, haben Rosenfreunde eine unnachahmliche Kondition.

Zum Glück gibt's Rosen

So hieß im Juni 1996 eine Rosenschau im Museumshof in Winsen an der Aller. Ihr Thema war: „Zum Glück gibt's Rosen". Veranstalter war der Rosenfreundeskreis Hannover, in Zusammenarbeit mit dem Heimatsender aus der Landeshauptstadt. Und das bedeutete Zweierlei: Eine liebevoll aufgebaute und von vielen kompetenten Helfern betreute Schau von Rosenschönheiten im niedersächsischen Zweiständerfachwerkhaus „Dat groode Hus", und ein nach Tausenden zählendes, unerwartet großes Publikum.

Vom Ansturm auf die Rosen redet man im Winser Heimatverein heute noch, und auch bei den hannoverschen Rosenfreunden ist in Erinnerung: So viel Arbeit, so viel Glück, so viele Menschen, ein so großer Erfolg – das war im Wortsinne einmalig. Etwa 12.000 Besucher aus allen Landesteilen sahen sich an diesem Wochenende die Rosen an, führten Gespräche, ließen sich beraten, kauften Rosen für einen guten Zweck, erlebten ein umfangreiches Programm, das wir Radioleute mitgebracht hatten. Mehr als 50.000 Mark waren der Reinerlös, und er kam sofort und unmittelbar der gemeinnützigen VDR-Stiftung Europa-Rosarium Sangerhausen zugute. Die Stiftung hilft aktiv beim Erhalt und Ausbau der größten Rosensammlung der Welt, da konnte jede Mark, da kann jeder Euro hilfreich sein.

'Gruß an Zabern' – dreifache Erinnerung

Meine weißblühende Kletterrose füllt den Rosenbogen an unserer Gartenlaube. Sie ist, wenn sie in voller Blüte steht, schon vom Gartenweg aus weder zu übersehen noch zu überriechen. Ihr starker

Duft zieht unweigerlich die suchenden Blicke der Passanten an, die mit offenen Augen durch unsere Anlage spazieren.

Drei Geschichten kann ich an diese 'Gruß an Zabern' knüpfen, wenn ich mit Gästen vor, neben oder unter ihr stehe. Da sind ihre Entstehung im Jahr 1903, zeitgleich mit dem Sangerhäuser Rosarium, und ihr Züchter Peter Lambert, der zu den Vätern des Rosariums gehörte. Mit seinen Kollegen Wilhelm Kordes und Heinrich Schultheis war er anwesend, damals am 3. Juli des Gründungsjahres.

Die zweite Geschichte betrifft genau diese Pflanze. Bei der Rosenschau in Winsen an der Aller konnte ich meinen Geburtstag feiern

Eine üppig blühende Kletterrose zieht alle Blicke auf sich.

und zum Abschluss ein Geschenk in meinen Kleingarten tragen. Die im Topf reichlich blühende 'Gruß an Zabern' war in der Ausstellungshalle viel bewundert worden. Sie belebt meine Erinnerung bis zum heutigen Tage.

Und drittens trat an einem unserer Besuchertage, zur „Offenen Pforte“, ein rosenneugieriges Ehepaar aus Celle in unseren Garten. Die dritte Rose, zu der ich etwas erzählte, war mein Geburtstagsgeschenk aus Winsen an der Aller. Die mir bis zu diesem Tage unbekannte Dame erinnerte sich sofort, ohne zu zögern, wo sie genau diese Rose schon gesehen hatte: Im Malergarten, einer Abteilung der Rosenschau, in der Anne Hentschke an einem Rosenbild gemalt hatte. Genau die wollte sie am Abend beim Abbau erstehen, aber da war sie schon weg. Sie war schon weg, weil meine Freunde schneller zugegriffen hatten.

So steht diese 'Gruß an Zabern', eine stattliche Persönlichkeit, bei uns in der Tiefenriede und nicht in einem Celler Garten. Aber da wäre ja auch sicherlich noch Platz für ein weiteres Exemplar dieser bis heute attraktiven Sorte.

'Hedi Grimm' – ein Vorbild wächst vor der Haustür

Hedi Grimm aus Kassel ist für mich ein Vorbild. Wann immer ich ihr begegnet bin – beim Rosenschnitt in ihrer Rosensammlung im Park von Wilhelmshöhe, beim Lichtbildervortrag vor den Rosenfreunden, beim von ihr und ihrem Mann Wernt initiierten und geleiteten „Kasseler Rundgespräch“, privat bei ihrer Tochter Eilike Vemmer in Wedtlenstedt – , war sie für mich die kenntnisreiche und zugleich bescheidene, die ernsthafte und zugleich humorvolle Kennerin der Rosenwelt.

Nach ihrem Tode war es eine gute Idee, sie mit einer noch unbenannten Rose zu ehren. Es hätte keine bessere sein können als eine Sorte des belgischen Züchters Louis Lens. Im Europa-Rosarium stand seit dem Jahr 1993 ein Lens-Sämling unter der Nummernbezeichnung 90/46. Wir tauften die Sorte am Rosariumsgeburtstag 2005 auf den Namen 'Hedi Grimm'.
Gerd Hartung bietet die öfterblühende Strauch- bis Kletterrose in seinem Sortiment an. Ihre zart rosablühenden Blumen stehen in riesigen Dolden, auch noch im Herbst. In unserem gemäßigten ammerschen Klima ist sie vor der Haustür ohne jeden Winterschaden als echte Kletterrose in die Höhe geschossen, ein rosiges Sinnbild für ein menschliches Vorbild.

Wenn die Forsythien blühen

Vermutlich war es Hedi Grimm, von der ich den Satz zum ersten Mal gehört habe: „Rosen schneidet man im Frühjahr, wenn die Forsythien blühen." Ich habe sie damit so oft zitiert, dass eigentlich, wenn es mit rechten Dingen zuginge, alle acht Millionen Einwohner des Landes Niedersachsen es jederzeit herbeten können müssten. Aber die Welt ist nicht immer so, wie wir sie uns denken. Also lebt unsere Hoffnung auf Erfolg von der Wiederholung. Rosen schneidet man im Frühjahr, wenn die Forsythien blühen. Und, bis auf wenige Ausnahmen, nicht im Herbst, nicht kurz vor dem Wintereinbruch.
Im Monat März, wenn die Forsythien blühen, schneide ich meine Rosen. Aber nicht alle, sondern nur die, die wirklich geschnitten werden müssen. Das sind die mit Winterschäden. Das sind stakelig gewordene Strauchrosen, denen ich etwas von ihrem natürlichen Habitus wiedergeben möchte. Das sind auf keinen Fall die einmal-

Wenn die Forsythien blühen ist der richtige Zeitpunkt für den Rosenschnitt.

blühenden Rosen jeder Art. Sie blühen am Holz des Vorjahres, und wenn ich das jetzt wegschnitte, würde ich sie der meisten Blüten berauben und ein sinnloses Jahr der Blüharmut erzwingen. Ich schneide auch nicht an jungen Kletterrosen herum, auch nicht an frisch gepflanzten Bodendeckern.

Ältere Kletterrosen, vieljährige Strauchrosen können im unteren Bereich kahl werden. Da hilft nach langer Zeit ein radikaler Schnitt zum Verjüngen. Radikal heißt, direkt über dem Boden, nicht etwa in zehn Zentimetern Höhe, wie manche Experten vorschlagen. Voraussetzung dafür ist selbstverständlich, dass die Veredelungsstelle tief genug in der Erde steckt und nicht aus ihr herausguckt – ein Rosenstock ist schließlich kein Birnbaum. Also ratzfatz überm Boden gesägt, und in ein paar Wochen kommen die neuen Triebe aus dem Erdboden herausgewachsen, direkt aus den erweckten schlafenden Augen in der Veredelungsstelle. Die Rose baut sich neu auf, verjüngt, gesünder und schöner als zuvor.

Das Schneiden der Rosen ist Arbeit, aber eine willkommene. Selten bin ich meinen Rosen näher als jetzt. Ich sehe sie, ich rede mit ihnen, und sie antworten mir – auch wenn ich das manchmal erst im Sommer richtig erkennen kann.

Wilde Konkurrenz für eine Königin

Das ist erfrischend: Wenn sich zwei Gartenmenschen begegnen, finden sie schnell zu einer gemeinsamen Sprache. Leicht ist es, wenn sie dabei in einem Garten stehen. Und besonders leicht, wenn sie gemeinsam über Rosen reden.

Als ich zum ersten Mal bei ihr im Garten stand, da bewunderte ich sofort die natürliche Wildheit ihrer großen Anlage und imposante Rosenpersönlichkeiten. „Ich muss es Ihnen gleich sagen, von Rosenschnitt habe ich gar keine Ahnung", gestand die Gastgeberin. Wir verabredeten uns sofort, für den Monat März, „wenn die Forsythien blühen".

Als die Forsythien gerade anfingen zu blühen, haben wir dann einen anregenden Sonnabendvormittag miteinander und mit ihren Rosen verbracht. Sie musste sich an jeder Pflanze an den Sortennamen erinnern, was nicht immer gelang, oder doch wenigstens sagen, ob wir gerade, mit Scheren, Astkneifer und Säge ausgerüstet, vor einer Einmalblühenden oder Öfterblühenden angetreten waren. Einmal standen wir sogar vor zweien, die so ineinander verwachsen waren, dass es schwer war, sie auseinanderzuhalten. Die Strauchrose 'Königin von Dänemark' war dabei, einmalblühend wie der Wildling unter ihr, und der war schon deutlich über sie hinausgewachsen. Das wissen ja viele Hobbygärtner nicht, dass ihre Rose einmal zwei Rosen waren. Die Wildrose unten sorgt mit ihren Wurzeln für

Unvergleichlich schöne Blüten trägt 'Königin von Dänemark'.

Kraft und Schub, und die veredelte Rose darüber soll von der Unterlage profitieren. Das tut sie aber nur so lange, wie die Untere auch unten bleibt. Wenn sie selbst aus der Erde kommt und nicht am Wachsen gehindert wird, geht es für die Obere auf lange Sicht zumeist negativ aus, sie kann nicht mithalten.

Damit die 'Königin von Dänemark' mit ihren unvergleichlich schönen Blüten ihr erhalten bleibt, hatte meine Gastgeberin also noch viel Detailarbeit vor sich: Alle Wildrosentriebe mussten heraus. Zum Glück lassen sie sich erkennen, weil ihr Holz anders aussieht, weil ihre Stacheln eine andere Form haben als die der bewunderten Strauchrose. Im Zweifel hieß es abwarten, bis im Sommer Laub und Blüten eindeutig den Unterschied erweisen; denn dann ist die 'Königin von Dänemark' unverwechselbar.

Es war ein lebendiger, unterhaltsamer Vormittag. Die Freizeitgärtnerin aus Leidenschaft hat, weil sie es wollte, alles sofort aufgenommen und umgesetzt. Dass ich mir im Gestrüpp eines wilden Strauches, den wir von vielen vertrockneten Zweigen befreien konnten, meine Jacke zerriss, habe ich, wie ein Richter befinden würde, billigend in Kauf genommen.

Gefahr im Garten oder sicherer Weg

An meinen Rosen pussele ich gern allein herum. Dann nehme ich mir die Zeit, genau nach ihnen zu sehen und mit ihnen zu reden, auch wenn mir ihre Antworten nicht immer gleich verständlich sind. Bei manchen Gelegenheiten macht es aber Spaß, ist es gesellig, zu mehreren an den Rosen zu werkeln.

Wie man Rosen richtig schneidet, das habe ich in langen Jahren am besten durch praktische Anleitung erfahrener Rosenfreundinnen lernen können. Wenn ich das Kleingartenfreunden, die mich darum bitten, weitergeben will, muss ich systematisch vorgehen.

Ich stelle zunächst einmal die wichtigsten Fragen: Welche Rose steht vor mir, welche Sorte aus welcher Rosenklasse? Warum will ich diese Rose überhaupt beschneiden? Ist jetzt der richtige Zeitpunkt für den Schnitt? Welches Werkzeug brauche ich dafür? Wie gehe ich dabei vor?

Dann doziere ich locker über die unterschiedlichen Schnittarten. Und das geht so:

Erhaltungsschnitt verhilft zur Durchlüftung und regt Wachstum von Trieben und Blüten an.

Formschnitt unterstützt den natürlichen Habitus der Pflanze.

Gesundheitsschnitt reagiert auf Krankheiten und Verletzungen und beugt Krankheiten vor.

Verjüngungsschnitt schützt vor Vergreisung und Kahlstellen im unteren Bereich.

Pflanzschnitt im ersten Frühjahr nach der Pflanzung regt breitbuschiges Wachstum an.

Eine wichtige Form des Rosenschnitts fehlte mir noch in dieser Systematik. Ich habe ihn Sicherheitsschnitt genannt. Er ist immer dann nötig, wenn ein Weg oder ein Eingang durch lang rankende

und stachelige Triebe zur Gefahrenquelle erster Güte geworden ist. Meistens kann man sie anders binden, sodass keine Gefahr mehr besteht. Aber wenn das unmöglich ist, dann handhabe ich es so wie früher im Betrieb: Über Sicherheitsrisiken kann man nicht diskutieren, die muss man beseitigen.
Ein Sicherheitsschnitt bewahrt den Gärtner und seine Besucher vor Verletzungen, immer dann, wenn stachelige Triebe zu sehr in den Weg hängen, vielleicht sogar in Kopfhöhe, wo sie blutige Schrammen reißen könnten – da sei meine Schere vor. Ich möchte die Rose sehen, die den Sicherheitsschnitt übelnimmt.

Unkraut mit Essig und Öl

Von Unkraut zu sprechen, das gehört sich in manchen Kreisen schon lange nicht mehr. Wildkräuter werden die genannt, die viele nicht so gern in ihrem Garten haben. In einer meiner Ratgebersendungen hat einmal ein wirklicher Experte das Problem auf den Punkt gebracht und die Ausnahme gegeißelt: Giersch. „Giersch muss ich leider Unkraut nennen“, das war seine Form der Verachtung für einen pflanzlichen Quälgeist, der bei Kleingärtnern eine gewisse geistige Verwandtschaft mit Wühlmäusen zu haben scheint.

Ich habe auch Giersch am Zaun in meinem Kleingarten, vom toleranten Nachbarn her, und ich helfe mir mit der einzigen wirksamen Methode, die ich kenne: Ich rupfe ihn aus, ich nehme ihm die Blätter, wo immer er sein Haupt erhebt. Auch in unserem neuen Hausgarten war Giersch schon, bevor wir ihn das erste Mal betraten. Beim Pflanzen meiner Rosen habe ich viele tief unten sitzende Giersch-Rhizome ausgegraben, herausgezogen, wohl wissend, dass das allein nicht viel nutzt. Und prompt breiten sie sich in jedem Frühjahr wieder zwischen meinen Rosen aus.
Ein Gartenfreund hat mir erzählt, dass er sich umgestellt hat. Seit er des Gierschs nicht mehr Herr wird, erntet er die jungen Triebe und verzehrt sie, wie grünen Salat, mit Essig und Öl. Das ist eine drastische Maßnahme, für die ich die Köchin in meinem Leben noch nicht habe gewinnen können.

Gärtnern ohne Gift

Kaum etwas anderes habe ich bei Gesprächen mit Hobbygärtnern häufiger gehört als diesen Satz: „Alle Rosen müssen gespritzt werden."
Das ist ein Vorurteil, bei modernen Rosen auch ein Irrtum. Die neueren Züchtungen der letzten Jahre bleiben auch ohne Spritzungen überwiegend gesund, und die meisten Wildrosen und viele Historische Rosen auch. Ich kenne erfahrene Rosengärtnerinnen und Gartenfreunde, die vor Jahrzehnten schon aufgehört haben, Geld für Pflanzenschutzmittel auszugeben, und ihre Gärten gehören zu den besten und schönsten, die ich gesehen habe.
Meine Gefährtin und ich, wir haben uns auch schon vor langer Zeit fürs Gärtnern ohne Gift entschieden. In unserem Kleingarten ernten wir auch Früchte, die wir essen möchten.

Bestärkt wurden wir durch einen erfahrenen Gärtnermeister, der nach Jahrzehnten Dienst in einer weltweit bekannten Anlage in den Ruhestand getreten war und sich vor allem noch um seinen eigenen Hausgarten kümmern wollte. Endlich, sagte er mir, könne er auf das verzichten, was er mit jungen Jahren schon tun musste, weil es sein Beruf verlangte und der Stand von Forschung und Lehre für fachgerecht und geboten erscheinen ließ. Es schaudere ihn heute noch, wenn er sich zurückerinnere, wie er früher, mit bloßem Oberkörper und in kurzen Hosen, mit der Giftspritze auf dem Rücken und ohne nennenswerte Bedenken Mittel versprühen musste, die dann später irgendwann die Zulassung verloren, weil sie in Verdacht geraten waren, Krebs zu erregen. Wer wisse denn schon, ob das, was heute unbedenklich erscheine, nicht doch negative Auswirkungen auf Mensch und Umwelt habe.

Bei einem Gärtner in einer westniedersächsischen Stadt war es noch drastischer. Er ist, in Ausübung seines Berufes, einmal mit einem allergischen Schock umgefallen und wochenlang krank gewesen. Er rührt keine Spritzmittel mehr an. Allein wenn er an sie denkt oder von ihnen gesprochen wird, sträuben sich seine Nackenhaare und die Härchen auf seinen Armen.

Das habe ich weitererzählt, als bei uns zur „Offenen Pforte“ Gartenfreunde aus einem anderen hannoverschen Kleingärtnerverein zu Gast waren. Sie klagten über ihren Vereinsvorstand, der verlange von ihnen den Gifteinsatz gegen Unkraut. Obwohl das allein schon nach unserer Gartensatzung verboten ist. Ich habe zum hartnäckigen Widerstand gegen Unvernunft und Vorstandswillkür geraten.

Rosen können ein Leben verändern.

Hagebutten sind doch keine Krankheit

Die Rosenfreundin sah mich sorgenvoll an. Die Hagebuttenansätze, meinte sie, müsste sie wohl abschneiden, weil die Bildung von Hagebutten ihre Rose doch schwächen würde. Nun war es nicht Juli, und es handelte sich auch nicht um eine mehrfachblühende Strauchrose. Bei der wäre es zu dieser Zeit sinnvoll gewesen, die ganze Kraft in neue Blütentriebe zu lenken. Es war aber September, und die Rose, vor der wir standen, war eine einmalblühende Wildrose.

Wenn sie nun hier, mit ihrer Rosenschere, die Ausbildung von Hagebutten verhindert hätte, dann wären in dieser Saison ohnehin keine neuen Blüten mehr gekommen. Dafür hätte sie die Rose ihres Winterschmucks beraubt; Reif oder Schneeflocken auf Hagebutten können winters einen zauberhaften Anblick bieten. Von den Vögeln ganz zu schweigen, die machen sich an kalten Tagen gern über die Hagebutten her, über manche, die ihnen nicht so gut schmecken, erst im Februar, als eiserne Reserve für Notzeiten. All diese Vorteile würde man hergeben, wenn man sie einfach abschnitte, die Früchte eines Rosensommerlebens.

Im Winter werden Hagebutten wunderschöner Schmuck vieler Rosensorten, wenn man ihre Ausbildung nicht mit der Rosenschere verhindert.

Hagebutten sind doch keine Krankheit. Wie kann es die Pflanze eigentlich schwächen, wenn ich ihr gestatte, ihr eigentliches Ziel zu erreichen: Hagebutten bilden, Samen ausstreuen, sich vermehren. Ohne diese wunderbare Erfindung der Schöpfung hätte die Rosenfamilie nicht schon Millionen Jahre gelebt, bevor sie überhaupt der Mensch in seine Obhut nahm. Ich lasse allen meinen Gartenrosen, die Hagebutten bilden wollen, ihren Willen. Ich vermute, der liebe Gott nimmt auch keine Rosenschere in die Hand.

Warten auf die neuen Rosen

Im Frühling warte ich auf die Kataloge der Rosenzüchter. Da finde ich die neuen Sorten, die gerade in den Markt eingeführt werden. Acht Jahre oder mehr haben die Fachleute an ihnen gearbeitet, von der Kreuzung über die Selektion bis zur Entscheidung: Diese Rosen haben Zukunft, aus denen wird etwas, die haben Chancen auf dem Markt. Die Sorten bekamen Namen. Sie wurden in der nötigen Anzahl vermehrt und stehen nun zum Verkauf bereit. Im Katalog sind sie genau beschrieben. Und diese Beschreibungen der Sorten sind ehrlicher geworden als in früheren Zeiten; sie geben, falls notwendig, sogar deutliche Hinweise auf Anfälligkeiten gegen Krankheiten. Dann kann ich immer noch entscheiden, ob ich sie trotz dieses Risikos gern haben möchte, vielleicht gefällt mir ihr Aussehen besonders gut, oder ich habe eine Affinität zu ihrem Namen. Die Katalogtexte heben aber auch genaue Auszeichnungsmerkmale wie Blattgesundheit und Blütenfülle hervor. Fast alles, was ich vor einer bewussten Kaufentscheidung über eine mir noch unbekannte Sorte wissen möchte, kann ich herausfinden, ich muss mich also nicht auf schöne Fotos allein verlassen.

Im Sommer warte ich auf die Angebote von Container-Rosen, die ich im Internet bestellen kann – sie kommen zwei Tage später mit dem Paketboten, sorgsam verpackt, blühend, sofort pflanzbereit. Nach dem Auspacken muss ich sie nur noch so lange in einen Wassereimer tauchen, bis keine Luftblasen mehr aufsteigen, und schon kann ich die neuen Schönheiten einpflanzen. Selbstverständlich ohne den Topf, in dem sie bisher standen.

Im Herbst warte ich auf die Ergebnisse der aktuellen ADR-Prüfungen. Die finde ich, wenn sie mir Dr. Burkhard Spellerberg im Bundessortenamt Hannover nicht per E-Mail schickt, was er gern tut, auf jeden Fall beim Anklicken im Internet, unter www.adr-rose.de. Da kann ich mir die Neuheiten im Bild betrachten und Spellerbergs Beschreibungen dazu lesen, eine spannende Lektüre. Besonders freue ich mich auch, wenn da eine Sorte geadelt wurde, die ich jüngst zu mir geholt habe, an der ich mich auch schon in meinem Garten erfreue. ADR-Freude ist dann doppelte Freude.

Im Oktober warte ich auf die wurzelnackten Pflanzen, die ich Monate vorher bestellt habe. Sie werden auf den Feldern der Rosenschule geerntet, sobald sie ausgereift sind. Ich habe mir das einmal angesehen: Sie werden maschinell beschnitten und nach Güteklassen sortiert – Klasse A steht für die mit mindestens drei starken Trieben –, sie werden gebündelt und geschnürt, etikettiert und versandfertig gemacht und auf die Reise zu den Kunden geschickt, lebende, lebendige Pflanzen vor dem Start in eine neue Gartenwelt.

Und, wenn sich der Winter seinem Ende nähert, warte ich auf die nächste Lieferung. Das sind die Rosen, für die ich mich erst sehr spät entschieden habe. Sie sind auch schon im Herbst gerodet worden, haben in den Wintermonaten im Kühlhaus gelegen, bei einem Grad Celsius über Null und nahezu 100 % Luftfeuchtigkeit, bei völliger Ruhe also, da waren kein Austrieb möglich und kein Erfrieren, auch kein Vertrocknen. Wenn ich diese Lieferung auspacke, tauche ich die Pflanzen für 24 Stunden ins Wasser, bevor ich sie in den

Garten pflanze. Dass ich nicht bei prallem Sonnenschein zur Pflanzung schreite, ergibt sich in meinem Fall fast von allein. Wenn ich zurückblicke, hat es meistens geregnet, wenn ich Rosen gepflanzt habe, und das ist für meine Lieblinge ohnehin das Beste.

> *„Mit dem Pflanzen fängt alles an. Das Was, Wo und Wie ist für den künftigen Erfolg oder Misserfolg mit Rosen entscheidend."*
>
> *Hedi Grimm*

Die Sortenwahl ist der Schlüssel zum Erfolg

In meinen Gärten kann ich es beweisen: Die richtigen Sorten sind die beste Voraussetzung dafür, dass ich an meinen Rosenschönheiten dauerhafte Freude haben kann und nur selten Sorgen. Ich nehme ja nie irgendwelche Namenlosen, die mir in irgendeinem Laden im Wege stehen. Ich muss immer wissen, wie die Sorten heißen. Und wer der Züchter ist. Und wie groß sie werden. Und wie oft sie blühen. Und: Ob sie duften. Und wie gesund oder anfällig gegen Krankheiten sie sind. Ob es Sorten sind, die schon gesund waren, als es noch gar keine chemischen Spritzmittel gab. Vor allem auch: Dass der Züchter schon bei der Selektion, bei der Auswahl neuer Pflanzen darauf geachtet hat, Schönheit und Gesundheit mit gleichem Wert zu sehen. So wie das immer mehr Kunden auch tun. Die Sortenwahl ist der Schlüssel zum Erfolg.

'Heidetraum' – ein Maßstab für Rosengesundheit

Wir kamen in Gütersloh aus dem Bahnhof, stiegen ins Auto und starteten in Richtung der Baum- und Rosenschulen Noack. Das erste, was ich auf der Straße entdeckte, waren Rosen, Bodendecker, Strauchrosen, ganz viele auf einem Mittelstreifen. Kein Zweifel möglich, das war – wie die drei in meinem Kleingarten – Noacks 'Heidetraum'. Die ADR-Rose ist auf dem Weltmarkt seit 1988. Reinhard Noack berichtete beim Fahren von einem Erlebnis auf einem fernen Kontinent. Da wächst diese Sorte unter dem Namen 'Flower Carpet'. Den Züchter aus Deutschland empfing vor einem Flughafengebäude ein rosafarbener Blütenteppich: 'Heidetraum'.

Die Rosenreihe in der Bahnhofstraße ist kein Zufall, auch kein Beweis für Lokalpatriotismus, sondern praktische Vorführung im öffentlichen Grün. 'Heidetraum' hat wenig Pflege nötig. An solchen Rosen muss niemand dauernd herumschnippeln, das freut die städtischen Gärtner und die, die das Geld aus der Kasse für An-

'Heidetraum' – ein traumhafter Bodendecker für viele Länder.

pflanzungen und Pflege bewilligen. Solche Rosen machen viel her und rechnen sich.

Später dann, nach einem Rundgang durch den Schaugarten, hat mir Reinhard Noack in meinem Interview für eine Hörfunksendung auch von seinem Vater Werner erzählt. Der hatte ihn, als er jung war, zur Lehre in eine Baumschule ins Ammerland geschickt. Und der hat ihn dann im eigenen Betrieb in die Rosenzüchtung eingeführt und die wichtigsten Voraussetzungen für einen erfolgreichen Rosenzüchter entdecken lassen. Dazu gehört neben einem großen Erfahrungsschatz vor allem Ausdauer. Er muss Rückschläge verkraften können; unzählige Misserfolge sind notwendig, denen zum Trotz er sein Ziel weiter verfolgen muss. Das Ziel ist: Zum richtigen Zeitpunkt die richtige Rose auf den Markt einführen. So wie damals 'Heidetraum'.

Für Reinhard Noack sind gute Beobachtungsgabe und Kombinationsfähigkeit wichtig. Er muss herausfinden, was die Kundschaft in zehn Jahren haben möchte, er muss Duft, Farbe und Gesundheit kombinieren und Neues schaffen, marktgerechte, widerstandsfähige Sorten. Welches Gefühl ist das, wenn eine solche neue Sorte fertig ist? Ein sehr schönes, sagt der Züchter. Genau das Ziel erreicht zu haben nach so langer Arbeit ist eine Bestätigung, dass sich die Mühen lohnen. Gepaart mit Dankbarkeit gegenüber dem eigenen Team in der Rosenschule. Und mit Dankbarkeit gegenüber früheren Züchtern: „Ohne sie gäbe es keine Öfterblühenden, die gab es so von Natur aus nicht, sie sind das Werk von Rosenzüchtern."

Es ist diese Art von Bescheidenheit, die mir bei Rosenzüchtern immer wieder begegnet. Etwa bei Dr. Eckart Haenchen aus Dresden-Cossebaude, der neidlos über die Sorte 'Heidetraum' des Kollegen Noack urteilt: „Sie hat so viele positive Eigenschaften. Ihre Blütenfarbe ist leuchtend, aber nicht grell. Sie ist ein Maßstab für Rosengesundheit geworden."

'Innocencia' – die Farbe der Unschuld

Ich bekenne es freimütig: Einige Rosen habe ich mir in beide Gärten geholt, weil sie einen schönen Namen tragen und zudem die ADR-Auszeichnung. Die Kleinstrauchrose 'Innocencia' gehört dazu, die mit dem unschuldigen reinen Weiß ihrer halb gefüllten Blüten und dem leuchtend gelben Auge in der Blütenmitte. Dass sie robust ist trotz aller Einfachheit, dass sie frosthart ist trotz aller Zartheit, dass ihre Blätter fast nie krank werden – so viele Pluspunkte!

Rosa filipes 'Kiftsgate' – zweite Blüte im Apfelbaum

Auf Mallorca haben wir es einmal im Februar erlebt: Orangenbäume hatten Blätter, sie trugen reife Früchte, und gleichzeitig blühten sie, ein faszinierender Anblick. So etwas Ähnliches scheint, auf den ersten Blick, auch in meinem Kleingarten zu sein.

Wer im Juni über die Hecke blickt, entdeckt einen Apfelbaum – die alte Sorte 'Ingrid Marie' – im vollen Blatt. Kleine Früchte sind schon deutlich zu sehen, und gleichzeitig ist der Baum über und über mit Tausenden von Blütendolden übersät. Das Bild ist echt, der Schein trügt. Wer mich im Garten antrifft und anspricht, dem löse ich das Rätsel gern auf.

Mein alter Apfelbaum trug kaum noch Früchte, und ich stand vor der Frage, ob ich ihn umhacken sollte. Ich entschied, ihn stehen zu lassen, und pflanzte eine einzige *Rosa filipes* 'Kiftsgate' an seinen Fuß. Die ließ sich nicht lange bitten. Inzwischen hat sie den Baum überwuchert, ist nach rechts weit über eine Pergola und nach links üppig über einen Rosenbogen hinweggerambelt, und auch in den

Der weiße Rambler 'Kiftsgate' verhilft vielen Bäumen zu einer zweiten Blüte.

Nachbargarten würde sie gern jedes Jahr aufs Neue zwei bis drei Meter lange junge Triebe schicken, wenn ich sie nur ließe.

Im Juni überzieht 'Kiftsgate' meine 'Ingrid Marie' mit dem reichsten Blütenflor in Weiß, und im Herbst, wenn die Blätter fallen, bleiben Tausende kugeliger roter Hagebutten stehen. Von dieser Vitalität hat sich der Apfelbaum dann doch etwas anstecken lassen. Er trägt jetzt hin und wieder ein paar rote Früchte. Im unteren Bereich kann ich sie noch pflücken. Weiter oben muss ich mit dem Beutel an der langen Stange durchs Rosengewirr tasten. Was unerreichbar bleibt, opfere ich gern meinen gefiederten Gartenfreunden.

Die meisten Passanten und Besucher sind begeistert vom Miteinander in unserem Apfelbaum. Einige haben sich inspirieren, anstecken lassen, sie haben auch Rosen gepflanzt, die in Bäume wachsen können. In einem Fall, in dem ich mir besondere Mühe gegeben und beredte Überzeugungsarbeit versucht habe, bin ich auf Granit gestoßen. Die Gartenfreundin mag einfach kein Durcheinander in ihrem Obstbaum. Nun weiß schon der Volksmund: Eines schickt sich nicht für alle. Rosen, die in Bäume klettern? Das wird keine Pflicht, es bleibt weiterhin freiwillig. Aber die zweite Blüte im Apfelbaum, sie hat schon etwas Verlockendes.

Wenn zwei Bodenhülsen und ein Abwasserrohr kollidieren

Wer ein Haus kauft, sollte dringend nach dem exakten Verlauf der Versorgungsleitungen und Entsorgungsrohre fragen. Ich weiß das so genau, weil ich nicht danach gefragt habe. Für dieses Wissen habe ich 250 Euro bezahlt. Und das kam so:

Bevor wir einzogen, gehörten Vorgarten, Seitengarten und Hauptgarten am zumeist unbewohnten Haus sozusagen zum öffentlichen Grün, sie waren freie Spielfläche für Nachbarskinder. Das wollten wir in geregelte Bahnen lenken. Wir kauften ein Rosenportal, einen schönen Rosenbogen mit eingebauten Flügeltüren, und setzten mit ihm ein Zeichen: Hier beginnt Brinkmanns Garten, bitte nicht eintreten ohne anzuklopfen.

Die vier Füße des Gerüstes wollten wir in Bodenhülsen stecken, in 75 Zentimeter lange, unten spitz zulaufende Metallstücke, und die mussten mit kräftigen Hammerschlägen in die Erde getrieben werden. Zwei Mal war das besonders schwer, da lagen wohl Steine im Untergrund, die mussten mit schweißtreibendem Einsatz überwunden werden, aber schließlich staken die Hülsen doch dort, wo sie sein sollten, das Rosenportal konnte montiert werden. Kurze Zeit später gurgelte und brodelte es bei uns im Haus in Badewanne und Abwasserrohren, und aus dem Regenwasserabfluss vorm Haus blubberte Seifenschaum.

Handwerker wurden geholt, die führten eine Winde ins Abwasserrohr und stießen nach einigen Metern auf Widerstand. Die Bodenhülsen! Das Rosenportal! Jenes wurde abgebaut, diese wurden freigeschaufelt, und da trat die schöne Bescherung ans Tageslicht. Mit zwei Hülsenspitzen hatten wir genau das Abwasserrohr getroffen, durchbohrt und blockiert. Dieses Rohr verlief nämlich keineswegs dort, wo wir es vermutet hatten, nicht vom Haus zur Straßenmitte. Es war aus Gründen, die wir erst später erfuhren, seitlich ums Gebäude herumgeführt worden, quer durch unseren Garten und den der Nachbarn, direkt unter unserem Rosenportal.

Ende gut, alles gut: Wir haben den Handwerkern für die Reparatur der Abwasserleitung und unsere neue Erfahrung 250 Euro gezahlt, die Bodenhülsen gekürzt, das Portal wieder aufgestellt, zwei Kletterrosen der Sorte 'Laguna' daran gepflanzt. Sie sind im zweiten Jahr schon oben am Bogen angelangt und haben ihn reichlich mit Blüten in kräftigem Pink gefüllt. Ihr starker Duft verheißt jedem Gast, der durch die Pforte tritt: In diesem Garten sind noch mehr Rosen zu erwarten.

Im Zauber der Rosenlaube

Am späten Sommerabend im Ammerland sitze ich gern in unserer Rosenlaube und lasse mich einhüllen vom intensiven Duft der Klettermaxe. Rechts und links stehen je eine 'Kordes' Rose Aloha'. Ihre Blüten betören mich mit ihrem Spiel zwischen Aprikot und Tönen von Rosa und Rot. 'Aloha' ist die Verkörperung von höchster Blattgesundheit; im Katalog ist sie eine Viersternerose, und bei mir im Garten auch.

Wie sah es in dieser Gartenecke doch aus, als wir das Haus und das Grundstück übernahmen! Wildes Hartriegelgestrüpp und unüber-

Ein bezaubernder Sitzplatz unter Rosen!

sichtliche Haselsträucher hatten sich zur urwüchsigen Arbeitsbeschaffungsmaßnahme ausgewachsen, von Giersch und anderen Un-, Bei- und Wildkräutern ganz abgesehen. Da reichten die beiden Arme und Hände eines langsam älter werdenden Herrn nicht aus. Hier war eine der Gelegenheiten, bei denen professionelle Hilfe nötig ist. Und so haben wir, was zugewuchert war, der gärtnerischen Nutzung und den Mußestunden eines glücklichen Rentnerehepaares zurückgeführt.

Auf der wiedergewonnenen Fläche haben wir einen leicht erhöhten Sitzplatz geschaffen, mit roten Platten belegt, mit einer blauen zweisitzigen Bank bestückt. Von hier aus kann ich das gesamte Gartenreich überblicken, links bis zum Rosenportal, rechts bis zur 'Super Excelsa' am Ende der Kletterrosenwand. So schaue ich stolz auf meine 246 Gartenquadratmeter und befinde, in aller Bescheidenheit: Eigentlich ist es hier doch ganz schön. Wir dürfen dankbar sein für den Zauber, den unsere Rosen unserem Garten schenken. Wir haben unser kleines Paradies am Haus nach unseren Ideen und unserem Geschmack gestalten können. Der Hobbygärtner wird zu selten gelobt. Da muss er es manchmal selber tun.

Goldene Pforte vom Schmiedemeister

In unserem Hausgarten fehlte etwas ganz Wichtiges. Ich habe es von Anfang an gespürt. Eines Tages kam die Idee, sie reifte über Monate, sie nahm in meiner Vorstellung ein genaues Bild an und wurde zum konkreten Plan: Ein weiterer Rosenbogen musste her. An der Hausecke, am Übergang vom Nordwandgärtchen zum Hauptteil, sollte er einen neuen Durchblick schaffen, eine Grenze und Öffnung zugleich.

Vor allem brauchte ich ein Gerüst für zwei moderne Kletterrosen. In Katalogen hatte ich geblättert, mehrere Fachgeschäfte aufgesucht, im Internet recherchiert. Mein Stahlrohrbogen musste nämlich 2 Meter 75 breit sein, das ist kein Standardmaß, und selbst kleinere sind schon reichlich teuer.

Ein Rosenbogen – Zierde für jeden Garten.

Manchmal zahlt sich langes Warten aus. Ein Ausflug durchs Ammerland führte uns durch Zufall zu einer Schmiede mit Rosenbögen vor der Tür. Also ausgestiegen, besprochen, in Auftrag gegeben, mit Handschlag besiegelt, zum vernünftigen Preis – auf dem Lande geht manches einfacher als in der Großstadt.
Selbstverständlich hat der Meister das gute Stück selbst hergebracht und an Ort und Stelle montiert, auf den Zentimeter genau platziert, tief in den Untergrund versenkt, standfest selbst für die bald darüber hinwegfegenden Orkanstärken um 12. Büntjen sei Dank!
Gepflanzt habe ich am selben Tage. 'Golden Gate' war meine neue Wunschkletterrose, Goldene Pforte. Es soll ein goldgelber Blütendurchgang werden, in vielen schönen Sommern, die hoffentlich vor uns liegen.

Staunässe oder: Die Wasserprobe

Die gefühlte Regenmenge ist nahe der Nordseeküste allemal größer als im tiefen Binnenland. Dauerhaftem schlechten Wetter muss ich – dem Rate Wilhelm Buschs folgend – mit Geduld begegnen. Aber am Anfang, als wir neu waren im Ammerland, da hat es uns doch sehr irritiert, dass der Rasen im Garten gar nicht abtrocknen wollte, wenn es mal wieder aus Kübeln geschüttet hatte. Stand etwa das Grundwasser auf unserem Areal so hoch? Mussten wir befürchten, dass unseren Rosen, stünden sie ständig in Stauwasser, allmählich die wichtigen Wurzeln abfaulen würden? Andererseits hatten wir allerlei Sträucher und Bäumchen vorgefunden, die ebenfalls keine Staunässe vertragen, und die waren auch nicht abgestorben. Ich bin auf Nummer sicher gegangen. Bei jedem Pflanzloch, das ich für eine neue Rose ausgehoben habe, grub ich mehr als einen halben Meter tief. In der obersten Schicht, auf der ersten Spatenlänge, lag dicker schwarzer Mutterboden. Zum Teil war er so zusammengepresst, dass ich einen einzigen Quader heraushob und zur Seite warf. In der zweiten Spatentiefe kam dann gelb-weißer Sand zutage, auch der manchmal festgefügt.

Vor allem aber wurde ich im Untergrund fündig. Was hatten nicht sechs Jahre zuvor sorglose Bauarbeiter im Untergrund versenkt: Bauschutt und Ziegelbruch, Plastikschläuche und Holzplanken, Steine jeglichen Formats und zu Blöcken verhärtete Zementreste. Selbst an längst verrotteten Pfosten gespannten Stacheldraht fand ich an der Grundstücksgrenze vor, ihn hatten Baggerführer einfach zugeschüttet. Meter um Meter habe ich herausgezogen und Platz geschaffen für meine weißblühenden Wildrosen am Wassergraben.

Wenn ein Pflanzloch ausgehoben war, wenn ich das Erdreich unten so weit wie möglich gelockert hatte, habe ich sofort die Wasserprobe gemacht. Eine Gießkanne mit Wasser habe ich jedes Mal geleert und beobachtet, was geschieht. Oh Wunder, es sickerte weg, allmählich, aber beständig. Es blieb nicht stehen, es staute sich nicht. Nirgendwo war unten, in einem halben Meter Tiefe, der Boden so stark verdichtet und verhärtet, dass ich keine Rose hätte darüber setzen können. Der Erfolg ist eingetreten. Noch habe ich keine Pflanze wegen verfaulter Wurzeln eingebüßt.

Der Wassergraben an der Grenze zu den Nachbarn schien uns anfangs ein Problem zu sein. Wir wussten nicht so recht, ob er unseren Garten zu sehr nass halten würde. Doch das Gegenteil hat sich erwiesen. Der Graben ist der ideale Vorfluter, zu ihm sickert überschüssiges Oberflächenwasser hinüber, er nimmt es auf, er lässt es verdunsten und auch zerrinnen.

Aber warum blieb so oft Wasser auf dem Rasen stehen? Wir haben es herausgefunden. Die Scholle direkt unter den Grashalmen war dort, wo beim Hausbau die Arbeiter und die Maschinen zugange waren, so sehr fest gepresst, dass Regentropfen nur schwerlich durchsickern konnten. Wir haben sie im Herbst umgegraben und im Winter dem Frost anheim gegeben. Die Frostgare hat die festen Klumpen aufplatzen und zerbröseln lassen. Im Frühjahr haben wir dann alles zerkrümelt, alle Steine und Zementreste herausgelesen, Rasen eingesät und abgewartet.

Der neue Rasen wuchs planmäßig und lässt sich nun so betreten, wie man es erwarten darf. Selbst nach Regengüssen können wir bald, ohne durch Pfützen zu waten, übern Rasen zu unseren Rosen schreiten. Den Unbilden der Witterung sehe ich seither gelassener entgegen.

Wie meinte doch der weise und heitere Wilhelm Busch? Genau. Ich mache es wie die Schöppenstedter: Regnet es, so lass ich's regnen.

Die zweite Karriere des Weihnachtsbaums

Im Monat Januar erlebt unser Weihnachtsbaum seine zweite Karriere. Kurz nach Neujahr wird er abgeplündert und auseinandergesägt. Alle geeigneten Zweige wandern in den Garten, und dort binde ich sie so an meinen Rosen fest, dass sie ihnen Sonnenschutz gewähren.

Das wird hilfreich, wenn die Wintersonne tagsüber beginnt, kräftiger zu scheinen, während nachts noch Frost herrscht. Dann kann es passieren, dass die Sonne das Holz platzen lässt: Vorn tauen ihre Strahlen das Gefrorene auf, und auf der Rückseite steckt noch die Kälte im Trieb. Dagegen hilft der Schatten meiner Tannenzweige. Außerdem sollen die Triebe noch gar nicht zum Ausschlagen angeregt werden, solange der Boden gefroren und die Wasserversorgung aus den Wurzeln unmöglich ist. Also: Sonnenschutz für die Rosen, und Frostschutz zugleich.

Weil die Zweige vom Weihnachtsbaum nicht für alle Pflanzen ausreichen, habe ich schon im Advent Tannenteile gehamstert – die liegen beim Weihnachtsbaumverkäufer herum, und gegen einen Euro für die Kaffeekasse und freundliche Worte sind sie leicht zu bekommen. So wenig muss ich für meine Rosen aufwenden.

Plan für den Herbst: Hagebutteninventur

Eines schönen späten Herbsttages werde ich meinen Plan verwirklichen. Ich trage ihn schon seit Jahren mit mir herum. Ich habe nicht die geringste Ausrede dafür, warum ich ihn vor mir herschiebe. In Wirklichkeit freue ich mich auf die Stunden, in denen ich Inventur machen werde. Hagebutteninventur.

Ich werde alle meine Rosen inspizieren, alle 111 im Kleingarten, und einige Tage später alle noch nicht abschließend gezählten in meinem Hausgarten, und dabei werde ich aufschreiben, wer von ihnen Hagebutten trägt. Welche Form die Hagebutten haben, welche Farbe sie tragen, ob reichlich oder spärlich. Mit der digitalen Kamera werde ich alles dokumentieren. Einige markante Rosenfrüchte habe ich schon gespeichert, so die länglich-ovalen, impo-

Alle Hagebutten werden gezählt und im Bild festgehalten: hier Hagebutten der Rosa rugosa.

santen der Wildrosenhybride *Rosa pendulina* 'Bourgogne'. Und die kleinen kugeligen des Ramblers 'Kiftsgate'. Aber die vielen anderen muss ich noch genauer untersuchen, 'Lykkefund' und 'Raubritter' zum Beispiel.

Ich weiß, dass meine Rosen nicht meinetwegen Hagebutten bilden. Aber ich will sie trotzdem dafür loben, weil sie mir besondere Anblicke schenken, wenn ich will auch Vitamine, und das beste Vogelfutter im Winter.

'Kosmos' – vom Killesberg in die Rhododendronstadt

Auch Rosenkinder werden getauft. Das ist ein guter Brauch zur Einführung neuer Sorten in die bunte Rosenwelt. Weil jede neue Rose etwas Besonderes ist, geraten auch Rosentaufen zu ganz besonderen, liebenswerten Veranstaltungen, an die sich die Teilnehmer gern erinnern, wenn sie der Sorte irgendwo wiederbegegnen.

So war das auch mit der jungen Beetrose 'KOSMOS'. Rosenzüchter Wilhelm Kordes und der KOSMOS-Verlag hatten sich einen der heißen Julitage 2006 für den Taufakt ausgesucht, und einen erlesenen Tatort dazu, auf dem Killesberg in Stuttgart. Der große Rosengarten mit vielen interessanten Sorten aus der zweiten Hälfte des vergangenen Jahrhunderts wurde um ein großes Beet mit der modernen, kerngesunden und doch nostalgisch anmutenden Sorte 'KOSMOS' bereichert. Die junge Pflanzung ließ sofort erkennen, mit den vielen stark gefüllten Blütenschalen in Cremeweiß, was den Betrachter in zwei, drei Jahren an dieser Stelle erfreuen wird. Es wird ein duftender Rosenraum sein, an wolkenfreien Abenden mit klarem Blick hinauf ins Weltall.

Rosentaufen zeichnen sich durch ernsthafte bis humorige Reden aus. So war es auch auf dem Killesberg unter der brennenden Julisonne. Der Rosenzüchter, der Verleger, der Oberbürgermeister sprachen über die Schönheit und Bedeutung der neuen Sorte und über die Schönheit und Bedeutung der Rosen im allgemeinen, die Gäste und die Rosen hörten mit Beifall zu, Gastgeber und Gäste labten sich an den überlebensnotwendigen Erfrischungen und entflohen

Frisch getauft zeigt das Rosenkind 'KOSMOS' seine besonders hübschen cremefarbenen Blüten.

der Hitze der Wiese hinauf zum frischeren Restaurant. Das gemeinsame Mittagsmahl förderte heitere Mienen und gute Gespräche unter den Fachleuten von Rosenschulen, Rosenfreunden, Gartenfreunden und Publizistik.
Drei kurze Vorträge würzten den Mittag. Thomas Proll demonstrierte den Verlauf einer Rosenzüchtung am Beispiel seiner 'KOSMOS'. Angelika Throll verriet, wie ihr Verlag zu dieser Rose gekommen ist, und auch warum. Ja, und dann hatte ich den schwierigen Part zwischen Hauptgericht und Dessert. Ich habe ihn vorsorglich zum populärwissenschaftlichen Experiment erklärt. Es gehe um die Frage, ob die Volksweisheit stimmt, dass ein voller Bauch nicht gern studiert. Ob ein voller Bauch überhaupt noch zuhören wolle. Nach zwanzig Minuten war auch diese Frage geklärt. Wenn es um Rosen geht, steht der Aufmerksamkeit überhaupt nichts im Wege.
Die Rose 'KOSMOS' ist dann vom Killesberg zu uns in die Rhododendronstadt im Ammerland gewandert und ziert seither unseren Vorgarten. Eigentlich kamen die beiden Exemplare direkt aus Sparrieshoop in Holstein. Aber wenn ich mit ihnen spreche, sehe ich Stuttgart vor mir und den Park auf dem Killesberg an einem besonders heißen Julitag.

'Lupo' – die Rose in der Autostadt

Vor Kleingärtnern in der Autostadt Wolfsburg habe ich einmal einen Vergleich zwischen Automarken und Rosensorten gewagt. Ich überlegte noch, habe ich mit Ernst in der Stimme vorgetragen, ob ich bei meinem nächsten Autokauf den VW Käfer mit geteilter Heckscheibe und Zwischengas-Gangschaltung bevorzugen sollte oder den VW 1500. Da merkten meine Zuhörer schon, dass ich es so ernst nun wohl doch nicht meinen konnte. So habe ich es dann auch aufgelöst: Vielleicht wäre der VW Lupo die günstigere Entscheidung. Genau wie beim Rosenkauf. Warum sollte ich eine alte Sorte aus den fünfziger Jahren des letzten Jahrhunderts, von der jedermann weiß, wie anfällig sie gegen Pilzerkrankungen ist, einer der modernen Züchtungen vorziehen?

Von denen kann ich viele empfehlen, die mit großer Wahrscheinlichkeit gesunde Blätter behalten, mehrfach reichlich blühen, duften, schöne Blütenfarbe zeigen. So wie bei mir im Garten die Zwergrose 'Lupo', von Kordes 2006 auf den Markt gebracht, schon im ersten Sommer mit ihrer Blütentönung zwischen karminrot und dunkellila ein fröhlich stimmender Hingucker im Parterre und auf einem Halbstämmchen. Bis zum Weihnachtsfest haben sie bei mir schon geblüht. Vielleicht bin ich, als früherer Wolfsburger Bürger, bei meinen Kleingartenfreunden ein Anstifter geworden – 'Lupo' passt gut in die Autostadt.

Rosa sweginzowii 'Macrocarpa' – eine Microcarpa

Drei Mal haben wir es versucht. Drei Mal haben wir tiefe Pflanzlöcher ausgehoben, die Erde ausgetauscht, Rosenerde mit Sand gemischt, Hornspäne dazu gegeben, nach dem Lehrbuch gepflanzt, und drei Mal ist nichts aus der *Rosa sweginzowii* 'Macrocarpa' geworden. Sie sollte den Hauptweg in der Tiefenriede schmücken, an dem jeden Tag viele Spaziergänger vorübergehen und unsere Kleingartenpächter auf dem Weg zu ihrer Parzelle. Beim dritten Mal haben wir gleich drei Pflanzen über Eck gesetzt, und die waren besonders kräftig, mehrtriebig, Güteklasse A plus sozusagen, aus zuverlässiger Vermehrung eingekauft. Es hat uns nichts genutzt. Sie sind an dieser Stelle alle verkümmert.

Anderswo blüht sie reichlich: Rosa sweginzowii *'Macrocarpa' ist eine schmucke Wildrose mit besonders hübschen Blüten und goldgelb strahlenden Staubgefäßen.*

Ich bin sicher: Es liegt nicht an der Sorte. Es liegt nicht am Lieferanten. Es liegt nicht an uns Pflanzern, Pflegern und Sorgeträgern. Es ist eine vertrackte Stelle gewesen, eine rosenfeindliche. Andere Pflanzen in der Nachbarschaft gedeihen gut. Eine *Rosa helenae* ist im frühen Sommer der Superstar an unserem Weg mit Wildrosen, Strauchrosen und Wildrosenhybriden. Nur die 'Macrocarpa' blieb eine Microcarpa, klein, nein: winzig.

Im Herbst haben wir uns erbarmt und die Reste herausgezogen, mit leichter Hand. Sie trugen kaum Wurzeln. Das sah nun wirklich nach Wühlmausfraß aus. Wir haben den Boden tiefgründig ausgetauscht, und dann hat unser Vorsitzender Thomas Schrader eigenhändig einen Baum gepflanzt, einen Speierling. Dem haben wir alles Gute gewünscht. Vielleicht macht er etwas aus diesem Job. Vor der *Rosa sweginzowii* haben wir in unserem Kleingartenverein endgültig kapituliert. Wir müssen sie eben anderswo bewundern. Man darf auch mal an Erfahrung dazu gewinnen.

'Maria Liesa' – Formkrise und rasche Erholung

Sie hatte ihren Obelisken längst erobert, die Kletterrose 'Maria Liesa', die Bruder Alfons im Eichsfeld gezüchtet und 1936 nach Sangerhausen ins Rosarium gebracht hatte. Bei mir im Kleingarten war der Rambler prächtig gediehen, und dass er nur einmal in jedem Jahr blüht, macht die Fülle seiner karminrosa Blüten mit der interessanten weißen Mitte allemal wett.

In einem Sommer verließen wir ihn bei bester Gesundheit, dass heißt: Wir und er waren wohlauf. Nur drei Wochen später, bei unserer Rückkehr, fanden wir 'Maria Liesa' stark lädiert vor. Ein Teil ihrer Triebe war gelbbraun statt grün, mit vertrockneten Blättern. Hatte es in unserer Abwesenheit zu wenig geregnet? Waren dies Trockenschäden? Hätten wir einen nachbarlichen Gießdienst organisieren müssen? Das schlechte Gewissen des gutwillig-bemühten Gärtners rührt sich schnell.

Doch alle anderen Rosen in der Nachbarschaft zeigten sich völlig unbeeindruckt. Nur 'Maria Liesa' hatte ihre Formkrise. Der Rat der kundigen Rosenfreundin war gut: Sie vermutete eine Form von Spitzendürre in den Trieben meines Ramblers, weil sie von oben her geschädigt waren und nicht von unten heraus. Sie empfahl den Einsatz der Rosenschere; bis ins gesunde Holz sollte ich zurückschneiden. Das habe ich, mit den besten Wünschen für ihr weiteres Wohlergehen, meiner Kletterrose im Obelisken angedeihen lassen. So viele erkrankte Triebe waren es dann doch nicht, der erste Schreck war größer gewesen als nötig.

Und danach? Sie hat sich schnell erholt, hat den Rest der Saison kräftig belaubt überstanden und im Folgejahr geblüht wie zuvor. Auch Ramblerrosen dürfen Formschwankungen zeigen. Die haben wir Menschen schließlich auch.

'Mirato' – Schattenspiele, Sonnenspiele

Als man Bodendeckerrosen noch nicht Kleinstrauchrosen oder Flächenrosen nannte, habe ich mehrere Exemplare der Tantau-Züchtung in meinen Kleingarten gepflanzt. Irgendwie muss ich die Beschreibung aus dem Katalog, die ADR-Sorte vertrage Halbschatten, falsch gedeutet haben. So als sei sie total für Schattenplätze geeignet. Das war aber gar nicht der Fall.

Als der Dortmunder Rosengärtner Walter Marquardt bei mir war, schüttelte er mir erst die Hand und dann den Kopf; denn ich hatte alle 'Mirato' vollständig unter Sträucher gesetzt. „Ein paar Stunden Sonne brauchen sie schon", sagte mein Gast, und außerdem sei es nicht so günstig, wenn sie bei Regen ständig zwei Mal nass würden, einmal direkt, zum zweiten von den Blättern der Sträucher im Obergeschoss. Sein dringender Tipp: Umpflanzen!

Das habe ich gemacht, vom Schatten hin zu Sonnenplätzen. Die Sonnenspiele wurden ein dauerhafter Erfolg. Seit Jahren gehört 'Mirato' zu den zuverlässigsten, blühwilligsten, am längsten blühenden Kleinstrauchrosen in meinem Kleingarten. Manchmal halten sie bis Weihnachten durch.

Rosa inermis 'Morletii' – die Unbewehrte wehrt sich

Ein Gärtner muss auch verlieren können. Ich muss mich auch geschlagen geben können. Obwohl ich sie gern in meinem Kleingarten hätte: *Rosa inermis* 'Morletii', die unbewehrte, wehrt sich gegen unseren Boden, vielleicht auch gegen mich.

Als fast stachellose Kletterrose gut geeignet für Pergolen und Hauswände, so wird sie gerühmt. An unserer Laubenwand, die sie zieren sollte, hatte sie zu viel Schatten vom Zwetschgenbaum. Da habe ich sie ins Licht gesetzt, an eine hölzerne Kletterwand, mit der ich meine Kompostecke kaschiere. Doch auch dieser Platz gefällt ihr nicht. Nebenan marschiert 'Hannovers Weiße', Bodendeckerrose von Noack, als Kletterer an der Pergola empor. 'Super Excelsa' bedeckt mehrere Quadratmeter, und da könnte doch auch die 'Morletii' ihrem Züchter Morlet alle Ehre einlegen, viele gefüllte Blüten in karminrosa an die Wand zaubern. Sie könnte, nur einmal blühend, aber mit einer schönen Herbstfärbung glänzen und – wie bei Freunden im Garten – rötliche Triebe zeigen. Sie dürfte auch gern die versprochenen fünf Meter hoch marschieren und bogenförmig überhängen. Allein, sie bleibt klein, mickrig, bescheiden, zurückhaltend. Den Herbstzauber darf ich mit der Lupe suchen. Ihre Nachbarinnen erhalten die gleiche Zuwendung wie sie. Aber die Unbewehrte bleibt verschnupft.

Bisher habe ich gezögert, ihr offen zu sagen, was ich davon halte. Eine Saison bekommt sie noch. Dann drohe ich ihr unverblümt mit dem Spaten. Oder lese ihr aus diesem Buch vor.

'NDR 1 Radio Niedersachsen' – Rosen für gute Taten

Von keiner Rose weiß ich mehr als von dieser. Der Name der Rose ist 'NDR 1 Radio Niedersachsen'. Es ist die einzige Rosensorte, die nach einem Radioprogramm in Norddeutschland benannt ist. Die Blütenfarbe der Beetrose ist Altrosa, im Verblühen heller werdend; die halb gefüllten Blütenschalen haben zahlreiche gelbe Staubfäden in der Mitte.

Sie verströmen einen zarten Wildrosenduft, sind eine Insektenweide. Die Rose bildet Hagebutten und blüht durch bis zum Winter. Die Pflanzen haben stark glänzende gesunde Blätter. Dies ist zudem eine Rose für viele gute Taten.

Gute Taten fangen im Kopf an. Die einfachsten Ideen sind oft die besten. 1994 habe ich erfahren, dass das Europa-Rosarium Sangerhausen nach der Wende in wirtschaftlichen Schwierigkeiten war. Es wäre doch eine Kulturschande für uns in Deutschland, wenn die größte Rosensammlung der Welt aufgegeben werden müsste. Könnten wir nicht helfen? Über das Rosarium informieren, Besucher dorthin verführen, indirekt Finanzmittel mobilisieren – und das alles selbstverständlich mit Hilfe einer Rose. Sie müsste den Namen des Radioprogramms tragen, das viele Menschen hören. Sie würden, wenn sie einen Garten haben und Rosen mögen, diese Rosen kaufen und pflanzen – und damit eine gute Tat verbinden.

Dr. Arno Beyer, Direktor des NDR-Landesfunkhauses in Hannover, sieht es heute so: „Die Idee war – zurückhaltend formuliert – sehr weitreichend.“ Sie hat für mehr als ein Jahrzehnt vier Partner zusammengeführt, den Marktführer unter den europäischen Rosenzüchtern, W. Kordes' Söhne, die einzige Rosenstiftung in Deutschland,

Rosa Radiorosen im Kordes-Schaugarten in Sparrieshoop.

das weltbekannte Rosarium in Sangerhausen und Deutschlands meistgehörtes Radioprogramm. Sie hat Besucher nach Sangerhausen geführt, das Wissen über Rosen verbreitet und geholfen, das Rosarium zu fördern.

Ihre Züchtung hatte 1985 begonnen. Sie gehörte zu denen, bei denen die Züchter im Hause Kordes auf den Einsatz von Pflanzenschutzmitteln verzichteten. Sie war Anfang 1995 marktreif, hatte aber noch keinen Handelsnamen. Als ich sie das erste Mal sah, im Gewächshaus in Sparrieshoop, wusste ich sofort, sie würde vielen Menschen und auch mir ungewöhnliche Erlebnisse bringen.

Es wurde, in aller Bescheidenheit, eine Erfolgsgeschichte. W. Kordes' Söhne hat bis Anfang 2007 mehr als 70.000 Stück verkauft. Mit Wilhelm Kordes und dieser Rose bin ich oft und gern in Deutschland unterwegs gewesen. Von niemandem habe ich mehr über Rosen erfahren und gelernt als von Wilhelm Kordes – ein Glück, das nicht planbar war, als wir Kooperation vereinbarten.

Dr. Arno Beyer hat es am Anfang schon gesagt: „Die 'NDR 1 Radio Niedersachsen'-Rose passt zu unserem Radioprogramm, sie ist überall beliebt, macht vielen Menschen eine Freude, taucht überall auf, wird überall gut gepflegt, ist nicht irgendeine Rose, sondern die Rose."

Die 'NDR 1 Radio Niedersachsen'-Rose wurde auch zum Symbol für die Bedeutung eines engen Kontakts zwischen Ratgebenden und Ratsuchenden. Sie brachte viele gute Taten auf den Weg. Sie hat oft bewiesen: Rosen können Herzen öffnen. Rosen können das Denken öffnen. Und manchmal auch die Geldbörse.

Die Zuneigung zu Rosen ist ansteckend.

Immer und überall blühen und gedeihen

„Ich taufe diese Rose auf den Namen 'NDR 1 Radio Niedersachsen' und wünsche ihr, dass sie immer und überall blüht und gedeiht." Es war die Rosenkönigin Anja I. aus Sangerhausen, die diese Worte sprach, vor 3.500 Zuschauern im Kennelbad in Braunschweig, an einem heißen Julisonnabend des Jahres 1995.

Der Tag war ohnehin ein herausragender Tag. Im NDR-Landesprogramm war Rosentag: Von 6 Uhr in der Frühe bis halb elf am Abend wurden Rosenmelodien gespielt, Rosenlieder gesungen, zum ersten und einzigen Mal in der Geschichte des deutschen Hörfunks. Dazu wurden viele Wortbeiträge dem Thema Rose gewidmet, Reportagen aus Rosengärten, Gartentipps für Kleingärtner und andere Gartenfreunde, Interviews, und Live-Berichte von der Rosentaufe in Braunschweig.

Auch für das Haus Kordes war das ein besonderes Ereignis. Rosentaufen ziehen selten so viele Menschen an. Aber ein Bühnenprogramm mit bekannten Schlagerstars ist ein attraktiver Rahmen. Doch der eigentliche Star blieb die frisch getaufte Rose. Sänger G.G. Anderson, der schon einen erfolgreichen Schlager über weiße Rosen gesungen hatte, bekannte freimütig, die besungene sei „längst nicht so schön wie eure Rose, die ist einfach grandios!"

Mittendrin wurden die ersten blühenden Rosen in Kübeln versteigert. Moderator Lutz Ackermann erzielte Preise bis zu 250 Mark für eine 'NDR 1 Radio Niedersachsen'. Und dann als Höhepunkt die edle Gießkanne, mit der die Rosenkönigin den Taufakt vollzogen hatte: Unser begnadeter Auktionator versteigerte sie für sage und schreibe 2.500 D-Mark an eine Geschäftsfrau und Rosenfreundin aus Göttingen, sie wollte ihr einen Ehrenplatz im Blumenladen geben. So kam schon mal ein schönes Stückchen Geld für die Spen-

denaktion der gemeinnützigen VDR-Stiftung Europa-Rosarium Sangerhausen zusammen. Sehr viel mehr sollte noch folgen.
Als am Abend die 3.500 Zuschauer zufrieden das Gelände verließen, gaben ihnen die Familie Kordes und ihre Mitarbeiterinnen einen Rosengruß in die Hände, eine sympathische Geste zum Abschluss eines in vieler Hinsicht außerordentlichen Tages. So weit ich das überblicken kann, ist seither auch der Wunsch der Rosenkönigin Anja I. in Erfüllung gegangen.

Das Pflanzen von Rosen ist eine Lust

Die ersten 'NDR 1 Radio Niedersachsen'-Rosen waren begehrte Raritäten, damals im Jahr der Taufe. In Sangerhausen standen sie schon, im Rosarium, und vom 1. April 1996 an auch vorm Funkhaus. Natürlich auch in Sparrieshoop, im Schaugarten der Kordesbetriebe. Erst im Herbst konnten sie in großer Stückzahl auf den Markt gebracht werden. 3 Mark pro Pflanze führte der Züchter in den ersten Jahren für den guten Zweck an die Rosen-Stiftung ab. Wir haben mit vielen Pflanzaktionen für Aufmerksamkeit und Öffentlichkeit gesorgt.
Zum Beispiel waren wir mit Dr. Arno Beyer im Europa-Rosarium an einem stürmischen Tag, der uns auf dem Weg nach Sangerhausen schon Regen, Schnee und Hagel beschert hatte. Zum Pflanztermin auf der Wiese vor der alten Linde schien kurz die Sonne, erschienen alle Ehrengäste, die fürs Foto benötigt wurden, und nachdem wir drei von 25 Rosen eingepflanzt hatten, brach Sturm über uns herein, Äste knickten von den Bäumen, wir flüchteten in ein nahes Café und überließen Gärtnermeister Hans-Jürgen Matern und seinen Mitarbeitern den späteren Rest der Arbeit.

Viele schöne Rosengärten mit noch viel schönere Rosen sind im ganzen Land verteilt.

An dieser Stelle sind die Rosen wunderbar gediehen, zumeist über zwei Meter hoch, ein attraktives Beet, auf das ich oft von einer nahen Bank aus geblickt habe. Ich freue mich, wenn ich sehe, wie Besucher reagieren. Da sind sie schon an vielen Tausend Rosen vorbei gegangen, da müssten sie überwältigt sein von den vielen Eindrücken, und sie gehen doch auf unsere Rose zu, schauen nach dem Namensschild, schnuppern an den Blüten, fotografieren sich gegenseitig – und ab und zu schickt mir jemand sein Foto zur Erinnerung, so wie Werner und Sieglinde Hermeyer aus Magdeburg, die uns und dieser Rose schon lange verbunden sind.
An vielen Orten haben wir seither, mit freundlichen Menschen gemeinsam und lustvoll, Rosen unserer Sorte gepflanzt und auf die guten Taten verwiesen, die mit ihr verbunden sind. In Bleckede im Biosphären-Reservat Elbtalaue waren wir, in Bad Bevensen in der Lüneburger Heide nahe der großen Sonnenuhr im Kurpark, im Bürgerpark der Stadt Fürstenau im nördlichen Osnabrücker Land, in Wolfsburg am Otto-Wels-Platz. In Cuxhaven-Döse an der Nordsee stehen unsere Rosen mitten im Kurpark.

Mitten in Duderstadt, vor der Propstei, haben wir auch Rosen gepflanzt, die Sorte, die man heute noch, von Lavendel eingefasst, an dieser Stelle jeden Sommer und jeden Herbst blühend erleben kann: 'NDR 1 Radio Niedersachsen', eine Rose, die Menschen und Orte verbinden kann.

Blitz und Donner gegen Lieder und Rosen

In der Zeitung lese ich gerade eine Anzeige: Die Ausstellung „Gartenträume" in den Emslandhallen in Lingen bietet sich als „die Adresse für Ihr Gartenglück" an. Genau in diesem Moment singt Bata Illic in meinem Radioprogramm den alten Schlager „Ich hab' noch Sand in den Schuhen von Hawaii". Dabei fällt mir sofort ein: Genau dieses Lied hat er genau dort, in Lingen, auch schon einmal gesungen, und das kam so.

Auf der Freilichtbühne in Meppen an der Ems hatten wir zu einem Rosenkonzert eingeladen. Ein idyllischer Ort mitten im Wald, von hohen Bäumen umgeben, eine romantische Kulisse, ausverkauft, Schlagerfans und Rosenfreunde strömten von weither nach Meppen. Es kam auch noch ein ungebetener Gast, ein Unwetter zog von Westen herauf und erreichte kurz vor 20 Uhr unsere Freilichtbühne. Im Publikum trug man viel Ostfriesennerz, Regenschirme wurden aufgespannt, jeder war neugierig, ob wir anfangen könnten. Lutz Ackermann und ich begannen – beschirmt – unsere Moderation und schickten als ersten Bata Illic in den Regen hinaus. Er trug eine hellgelbe Hose und ein hellgelbes Hemd und war im Nu pudelnass. Was ihn nicht hindern konnte, „Ich hab' noch Sand in den Schuhen von Hawaii" zu geben.

Dann kamen Blitz und Donner näher, Sturm brach herein, Bäume

schwankten drohend, die Scheinwerfer flackerten und wurden dunkel – unser schönes Rosenkonzert fiel wortwörtlich ins Wasser. Wir mussten abbrechen, die Schlagerfans und die Rosenfreunde nach Haus schicken und auf einen neuen Termin, vielleicht eine Woche später, wer weiß wo vertrösten. Wir standen noch auf der regennassen Bühne, als ein freundlicher Herr aus dem Publikum zu uns kam und sich als Direktor der Emslandhallen im benachbarten Lingen vorstellte. Eine seiner Hallen sei in einer Woche frei, wir seien willkommen.
So sind wir dann eine Woche später mit unserem Rosenkonzert in der Emslandhalle aufgetreten. Bata Illic, in hellgelbem Hemd und hellgelber Hose, sang sein Hawaii-Lied vom Sand in den Schuhen. Hemd und Hose blieben diesmal trocken. Aber Lutz Ackermann und ich gingen, vorsichtshalber, man kann nie wissen, zum Beginn unter Regenschirmen auf die Bühne.

Rosen verbinden Menschen.

Ein Märchen mit glücklichem Ende

Es lebte einst eine Radiohörerin im südniedersächsischen Friedland, die konnte Rosen gut leiden und ihren Lieblingssender auch. Als nun eine Rosensorte genauso genannt wurde wie ihr Leib- und Seelen-Programm, da beschloss sie, davon ein Beet in ihrem Vorgarten anzulegen. Die Rosen taten, was man von ihnen erwarten konnte, sie blühten und erfreuten die Friedländerin immer aufs Neue.

Wie viel größer wurde ihre Freude, als sie ein Namensschild geschenkt bekam, das sie zu den Rosen setzen durfte. Nun konnte jeder Vorbeikommende lesen, dass hier nicht irgendwelche namenlosen altrosa blühenden Beetrosen vor sich hin wuchsen, sondern ganz besonders ausgewählte, leicht nach Wildrosen duftende, mit einem prominenten Namen.

Das ging lange Zeit gut, bis eines Nachts böse Buben oder neidische Nachbarn oder fehlgeleitete Fans das Schild mit dem Radio-Logo ausgruben und schnurstracks stahlen. Da weinte die Friedländerin bittere Tränen, bis sie sich ein Herz fasste und im Funkhaus ein neues Namensschild erbat. Das wurde ihr flugs zugestellt, und sie konnte es stolz in ihrem Vorgarten vor die berühmten Rosen setzen. Wenigstens tagsüber. Denn abends, da holt die Freundin der Rosen und des Rundfunks es vorsorglich ins sichere Haus zurück und schlägt potentiellen Dieben somit bis zum nächsten Morgen ein Schnippchen.

Worüber sich Karl Foerster ärgern konnte

Darauf könnte man Wetten abschließen. Wenn Fachleute und Gartenlaien aufeinander treffen und die Gelegenheit besteht, das Wissen der Experten anzuzapfen, dann lautet die zweite, spätestens aber die dritte Frage: „Was kann ich gegen Wühlmäuse tun?“ Was hat da die Literatur nicht alles an guten Ratschlägen bereit: Menschenhaare, offene Flaschen und andere Geräuschmacher wie Solarpieper, Königskerzen, Fallen und noch manches mehr. Am meisten hat mich der berühmte deutsche Gärtner, Schriftsteller und Philosoph Karl Foerster überzeugt. Ihm wurde einst die Frage gestellt: „Was tun Sie gegen Wühlmäuse?“ Er antwortete: „Ich ärgere mich.“

Eine Rose, zwei Bilder

Ein Foto hängt in meinem Arbeitszimmer. Es zeigt in schönsten Farben 9.000 Rosen auf dem Feld, in Reih und Glied, soweit das Auge reicht. Rosen meiner Lieblingssorte. Wilhelm Kordes hat es mir vor vielen Jahren geschenkt. Ich bin nicht in der Gefahr, meine Lieblingsrose aus dem Auge zu verlieren.

1995 wurde 'NDR 1 Radio Niedersachsen' getauft, 1996 gekauft und gepflanzt, 1997 fotografiert und gemalt. Zu unserem Bilderwettbewerb schickten 277 Teilnehmer aus ganz Deutschland 759 Bilder, 54 wurden von unserer Jury ausgewählt und prämiert. Hobbymaler Karl Schmidt aus Braunschweig erhielt für sein Aquarell den ersten Preis in der Abteilung Malerei. Es hing jahrelang in meiner Redaktion, aufgehoben für einen guten Zweck.

2003, zum Rosariumsgeburtstag in Sangerhausen, haben wir das Bild versteigert, auf ungewöhnlichem Wege, im NDR-Regionalfernsehen „Hallo Niedersachsen“ und im Hörfunk. Vier Tage lang konnten Hörerinnen und Hörer bieten, und dann schlug Lutz Ackermann das preisgekrönte Bild Wilhelm Langhorst aus Ronnenberg zu. Er zahlte dafür die stattliche Summe von 11.000 Euro, obwohl er es nicht einmal im Fernsehprogramm gesehen hatte. Seine Begründung war überzeugend: „Wenn mein Heimatsender mir sagt, das Bild ist schön, dann glaube ich das.“

Bei der Geburtstagsfeier im Rosarium hat der Künstler persönlich das Bild überreicht. Hörfunkchef Eckhart Pohl gab das Geld gleich weiter an Josef Raff, den Vorstand der gemeinnützigen VDR-Stiftung Europa-Rosarium Sangerhausen. So diente es nun der Aufstockung des Stiftungsvermögens, aus dessen Zinsen der Erhalt der Rosensammlung, die Rosenforschung in Sangerhausen und die Präsentation der Rosen im Rosarium gefördert werden. Ob das Rosenaquarell im Büro von Wilhelm Langhorst geblieben ist, oder

Mehr als 9.000 Rosen in Reih und Glied: meine Lieblingsrose 'NDR 1 Radio Niedersachsen' bei ihrem Züchter Wilhelm Kordes auf dem Feld.

ob seine Gattin sich durchgesetzt hat, die es fürs Wohnzimmer vorgesehen hatte, war bei Redaktionsschluss noch nicht abschließend geklärt.

Wenn 54 Bilder mit 70.000 lebenden Rosen konkurrieren

„Ich will lebende Rosen sehen und keine Bilder.“ Mit diesem Ausruf weigerte sich die Anführerin einer Besucherinnengruppe, die Ausstellungshalle im Europa-Rosarium Sangerhausen auch nur zu betreten. Wir waren beim Aufbau unserer Ausstellung „Die schönsten Bilder der 'NDR 1 Radio Niedersachsen'-Rose“, und ich hatte die Tür weit geöffnet. Das war hier neu. Üblicherweise werden Ausstellungen erst gezeigt, wenn sie fertig sind. Aber was nutzt einem Gast, der heute hier ist, die Ausstellungseröffnung am folgenden Tag, an dem er nicht mehr hier sein kann. Also: Tür auf, Neugierige willkommen.

Und sie kamen, sahen beim Aufhängen der Fotos und Gemälde zu, schauten sich an, was noch an der Wand lehnte oder schon an den Tafeln hing, und ließen sich auf Gespräche ein. So wie ich es schon zuvor in Uslar in der Sparkassenhalle erlebt hatte, beim Aufbau während der Schalterstunden. Da war ein Behinderter im Rollstuhl einen Vormittag lang bei unseren Bildern, und er hat mir erzählt, was ihm Rosen bedeuten.

So war es auch in Sangerhausen. Ich konnte Anekdoten zu einzelnen Werken beisteuern. So bei den preisgekrönten Fotos der Familie Volders aus Norden in Ostfriesland. Vater, Mutter und Tochter hatten, wie man heute sagt, abgeräumt bei der Preisverleihung. Dabei wollten sie eigentlich gar nicht anreisen, wegen der Fahrtkosten zum Funkhaus, und dann erhielten sie einen Sonderpreis, den 2. Preis und gleich noch den 1. Preis für Fotografie.

„Ich will lebende Rosen sehen und keine Bilder." Die Damen der Besucherinnengruppe kümmerten sich nicht um ihre Anführerin. Die blieb draußen vor der Tür, sie sahen sich in Ruhe alle 54 Bilder an. Und wendeten sich danach wieder den 70.000 lebenden Rosen zu.

Auf Hochstamm ein Unikat und Unikum

Ernst Brunschön war der Altmeister der hannoverschen Kleingärtnerfachberater. Ich habe ihn oft als kundigen Gesprächspartner in Gartensendungen zu Gast gehabt. Als er sich zurückzog, hat er mir ein scharfes Okuliermesser aus Holstein geschenkt. Das halte ich seither in Ehren. Ich habe damit auch schon okuliert. Herausgekommen ist ein Unikat, ein Unikum zugleich, eine Rose der Sorte 'NDR 1 Radio Niedersachsen' auf einem Kaskadenhochstamm.

In einer Rosen-Enzyklopädie aus England, die in Deutschland bei Könemann erschienen ist, werden über 4.000 Gartenrosen beschrieben, darunter ist auch meine Lieblingsrose. 'NDR 1 Radio Niedersachsen' heißt in Neuseeland, wo sie von Franko Roses vermehrt wird, 'Heartache', was sicherlich nicht klinisch-medizinisch gemeint ist, sondern literarisch, so im romantischen Sinne von Herzschmerz. In England wurde sie zur 100-Jahr-Feier der Rosenschule Notcutts 'Centenery Rose' getauft, die Jahrhundertrose. Das Lexikon verzeichnet dann auch korrekt den ursprünglichen Züchternamen im Hause Kordes: KOReledas. Und die Züchtungsnummer: KO 85/4137-02.

Dann allerdings haben sich, was verziehen werden kann, zwei Fehler eingeschlichen, die ich bei sich bietender Gelegenheit gern korrigiere. Die Eltern dieser Sorte seien unbekannt, hieß es da. Ich kenne sie. Die Mutter ist eine Kreuzung aus 'Coppelia 76' und einer Kreuzung aus 'Cruosa' und 'City of Leeds'. Der Vater weist auch vorzeigbare Ahnen auf, er ist eine Verbindung aus 'Zwergkönig 78' und einer Kreuzung aus 'Zorina' und 'Antike I'. 'Zorina' ist eine in der Züchtung bewährte Sorte von Jackson & Perkins in den USA. Der zweite Irrtum heißt wörtlich: „eignet sich auch gut als Hochstammrose". Das habe ich bei mir im Garten ausprobiert, mit allem

Ernst des Amateurs und mit Ernst Brunschöns Okuliermesser. Ich habe im Juli ein Auge aus einem Trieb der 'NDR 1 Radio Niedersachsen'-Rose herausgelöst und in die Krone eines Kaskadenhochstamms eingesetzt. Da war zuvor im tiefen Winter 'Rosarium Uetersen' erfroren, aber die Unterlage bis zur Krone hatte überlebt. Meine Okulierkunst reichte aus, die Radiorose wuchs an dieser Stelle an und tat das, was sie aus dem Boden heraus auch tut: Sie wuchs buschig in die Höhe. Sie fiel aber keineswegs, wie es für Hochstämme geeignete Rosen an sich haben, in allen Richtungen bauschig herunter, als Kaskade eben. Nein, sie beginnt standesgemäß in 140 Zentimetern Höhe und ragt noch einmal so lang nach oben.

Die Rose KO 85/4137-02, KOReledas, 'NDR 1 Radio Niedersachsen', 'Centenery' und 'Heartache' ist für vieles geeignet, aber nicht für einen Hochstamm. Ich bin wahrscheinlich der einzige Mensch auf dieser Erde, der ein solches Unikum in seinem Garten vorzeigt. Aber das tue ich mit Stolz.

'New Dawn' – Warum ich mit meinen Rosen rede

Mit Pflanzen spricht man doch nicht. Manche Menschen sprechen nicht einmal mit anderen Menschen. Also: Nicht mit Pflanzen. Selbst mit Rosen nicht. Das sollte man meinen. Bis man selbst Rosen hat.

In meinem Kleingarten wächst eine Kletterrose 'New Dawn' in einen alten, unfruchtbar gewordenen Birnbaum. Der darf als Gerüst für die neue Rosendämmerung überleben. Gut drei Meter war sie schon in die Höhe gewachsen, als ich sommers Pusteln unter den Blättern entdeckte, gelblich-orangefarben und hässlich. „Mach mir keinen Kummer“, habe ich zu meiner 'New Dawn' gesagt und sie

Die wunderschöne 'New Dawn' kann als Rambler auch in Bäume wachsen.

dann tagelang genau beobachtet. Das kluge Buch und die noch klügere Vorsitzende meines Rosenfreundeskreises hatten die richtige Diagnose: Rosenrost.

Die radikale Therapie: Knapp überm Boden habe ich sie abgeschnitten und als Sondermüll entsorgt. „Gib dir Mühe, du schaffst das!" So habe ich ihr Mut zugesprochen.

Ob sie mich nun gehört und auch verstanden hat, oder ob sie über ungeahnte, ganz andere Möglichkeiten der Entgegennahme menschlicher Äußerungen verfügt, weiß ich nicht. Aber befolgt hat sie meinen Rat.

Im nächsten Jahr ist sie kräftig gewachsen. Ich habe sie am Anfang regelmäßig genau angesehen, von unten bis oben, und dabei oft mit ihr gesprochen. Ihre Blätter sind gesund und kräftig, ihre Blüten schön wie sie sein sollen. Jahr für Jahr neu.

Mit Pflanzen spricht man nicht, nicht einmal mit Rosen? Ich weiß, warum ich es tue. Ich spreche gern mit meinen Rosen.

'Paul's Scarlet Climber' – okuliert und abgemurkst

Bei einer meiner Reportagereisen zum Europa-Rosarium Sangerhausen habe ich auch den Rosengärtner Heinz Hesse kennengelernt. Mit dem Mikrofon in der Hand habe ich bei ihm im Gewächshaus gestanden, und er hat mir gezeigt und beschrieben, wie er eine Rose veredelt. Wie er ein Auge aus einem Rosenzweig löst. Wie er auf der Wildrose den T-Schnitt mit dem Okuliermesser ansetzt. Wie er das Auge dort einfügt, mit einem Pflaster umhüllt – aus zwei Rosen soll eine werden. Was weiter damit zu tun war.

Sein Vorführobjekt hieß 'Paul's Scarlet Climber'. Paul war der Züchter, im Jahr 1916. Scarlet beschrieb den roten Farbton der Blüten. Und eine Kletterrose war es, die da herauskommen sollte. Zur Erinnerung gab Heinz Hesse mir die Veredelung mit, für meinen Kleingarten. Dort habe ich sie ausgepflanzt. Auch die Anweisungen des Rosengärtners habe ich befolgt, in einem Punkt aber leider ungenau. Was ich erst im folgenden Frühjahr hätte tun dürfen, nämlich das Abschneiden des Wildlings über dem Austrieb der veredelten Rose, das habe ich sofort gemacht, gleich nach dem Pflanzen. So habe ich 'Paul's Scarlet Climber' abgemurkst.

Reumütig habe ich im Folgejahr eine neue Pflanze dieser Sorte gekauft und an die Stelle gesetzt. So blüht Pauls roter Kletterer doch noch bei uns, Jahr für Jahr in seinem Obelisken, und erinnert mich gelegentlich, wenn ich mich mit ihm unterhalte, stumm an meine einstige Schandtat. Wenn man auf Experten hört, soll man auch genau zuhören.

Heinz Hesse habe ich noch öfter wiedergesehen. In Sangerhausen hat er mir erzählt, wie ihn, den Praktiker, eine Wissenschaftlerin zu einem erfolgreichen Verzicht bekehrt hat. Gegen Blattläuse wurde routinemäßig ein Giftmittel im Rosarium versprüht, das musste so sein, damit die Rosensammlung keinen Schaden nehmen sollte. Die Wissenschaftlerin riet, ganz darauf zu verzichten und der Natur ihren Lauf zu lassen. Widerstrebend ließ sich der Rosengärtner darauf ein, unternahm den für ihn riskanten Versuch und erkannte: Gegen Blattläuse muss man auch dann nichts spritzen, wenn man mehr als 70.000 Rosen im Garten stehen hat.

'Rose de Resht' – eine Rose zum Hochzeitstag

„Am 30. Mai ist der Weltuntergang, wir leben nicht mehr lang. Doch keiner weiß, in welchem Jahr, und das ist wunderbar." Die Älteren

'Rose de Resht' – geheimnisvoll, aufregend.

unter uns kennen noch den Karnevalsschlager aus den fünfziger Jahren des vergangenen Jahrhunderts, der lange Zeit ein Ohrwurm war. Am 30. Mai ist Brinkmanns Hochzeitstag.
In einem Jahr, kurz vor unserem Hochzeitstag, war ich in Holstein unterwegs. In Meldorf war ich mit Gerda Nissen verabredet, der bis heute unvergessenen Rosenfreundin, Autorin von Büchern und Artikeln. Einiges hatte ich schon von ihr gelesen, und nun durfte ich sie besuchen, sie zeigte mir ihren Garten und die Rosensammlung vor dem Landwirtschaftsmuseum. Da hatte sie alles aufgepflanzt, was sie jahrelang auf den Friedhöfen, in Pfarrgärten, an Bauernhäusern und Straßenrändern eingesammelt hatte: Alte Rosen, bekannte und auch gänzlich unbekannte.
Ein Buch hatte sie darüber geschrieben, Geschichten zu ihrer Sammlung erzählt. Die 'Rose de Resht' war darunter, eine mehrfachblühende Damaszenerrose, der in unterschiedlichen Quellen die Herkunft aus Persien, aber mit unterschiedlichen Jahreszahlen zugeschrieben wird. Alle datieren sie diese Rose aber in die Mitte des zwanzigsten Jahrhunderts. Und genau die hatte Gerda Nissen in einem Pfarrgarten entdeckt, wohin sie nachweislich schon vor 1900 aus dem Lüneburgischen verpflanzt worden war. 'Rose de Resht' muss also zu unterschiedlichen Zeiten auf verschiedenen Wegen zu uns nach Europa gelangt sein. Die aus dem Pastorengarten hat inzwischen viele Nachkommen.
Die Fundsache der Rosenfreundin habe ich anschließend gleich nebenan in der Wilster Marsch, bei Schütts in der Baumschule, erstanden und meiner Frau zum Hochzeitstag geschenkt. Wir haben die Schönheit aus Persien und aus Dithmarschen am 30. Mai gemeinsam gepflanzt. Die Duftrose entzückt uns seither in jedem Sommer aufs Neue mit ihren purpurroten Blüten. Eine doppelte Erinnerung: An eine liebenswerte Rosenfreundin. Und an einen gelungenen Hochzeitstag.

Julia Westlake, der Liebeskummer und eine Rosenschau

Damals war die heute berühmte Fernsehmoderatorin Julia Westlake als junge Reporterin bei uns im Hörfunk. An einem strahlenden Sommersonnabend sollte sie mit dem Ü-Wagen live aus Winsen an der Aller berichten, aus dem Winser Museumshof, von der Rosenschau, die der Rosenfreundeskreis Hannover und NDR 1 Radio Niedersachsen gemeinsam veranstalteten. Sie kam pünktlich, war freundlich und liebenswert wie immer, machte gute Arbeit – und doch war mit ihr etwas anders als sonst. Das hat sie mir viel später erzählt.

An jenem Morgen nämlich war die junge Frau tieftraurig in Hannover gestartet. Liebeskummer machte ihr das Herz schwer. Aber dann waren da der Ü-Wagen und das Mikrofon, ihre Arbeit und ihre Gesprächspartner, und die vielen Rosen in der Rosenschau, und Tausende von Besuchern, die sich an den Rosen und am sommerlich-bunten Rahmenprogramm erfreuten, und an der Rosenberatung, am Rosenverkauf, am Reiz des Fachwerkensembles.

Julia Westlake ließ sich von der Stimmung anstecken, von den Rosen bezaubern, von der Begegnung mit liebenswerten Menschen erfreuen. Über Rosen zu sprechen, das ist ja nicht irgendein beliebiges Thema, sondern ein besonderes. Blühende Rosen im Container zu sehen und von einem Kenner zu erfahren, wie ihre Besonderheiten sind, ist ein ganz eigenes Erlebnis. Und Rosenfreunde zu hören, die begeistert sind, hat eine überaus positive Wirkung. Für Julia hieß das: Die Sonne schien, das Leben wurde wieder schön, Rosen können etwas glücklicher machen. Und so fuhr sie, nach getaner Arbeit, zum Feierabend in die Landeshauptstadt zurück, froh und getröstet. Es ging doch, das Leben würde weitergehen.

Es ging weiter. Und wie.

Ein Preisausschreiben, eine Rose und ein Mittelklassewagen

Zwei Mal haben Rosen Hanna Sewig Glück gebracht. Beim ersten Mal kam Tüchtigkeit dazu, beim zweiten Mal ein wirksamer Einfall. Die erste Geschichte habe ich direkt miterlebt. Die zweite hat mir die Hobbyfotografin persönlich berichtet; sie ist eine von den Erzählungen, bei denen selbst ein nüchterner, aufgeklärter, sachbezogener Zeitgenosse ins Zweifeln kommen darf, ob wirklich Zufall bei den Rosen waltet, oder ob da noch ganz andere Dinge zwischen Himmel und Erde geschehen, von denen wir nur den Hauch einer Ahnung haben können.

Das NDR-Landesfunkhaus in Hannover hatte zum Bilderwettbewerb aufgerufen. Gesucht wurden die schönsten Bilder der Rose mit dem Namen 'NDR 1 Radio Niedersachsen'. Bilder in jeglicher Technik, gemalt, geschnitzt, gezeichnet, fotografiert. Hunderte Künstler und Freizeitkünstler nahmen teil, eine Jury wählte die besten Werke aus, eine Fotografie von Hanna Sewig gehörte dazu. Mit anderen Preisgekrönten hatte sie den besonderen Charakter dieser Rose, ihre Schlichtheit und Schönheit, gesehen, erkannt, festgehalten, ins Bild gesetzt.

Aus den Bildern wurden eine Wanderausstellung und zwei Rosenkalender. In einem Kalender waren, als Anhang, die Fotografien zu Postkarten gestaltet, und das ist der Schlüssel zur zweiten Erfolgsgeschichte. Es begab sich nämlich, dass die größte hannoversche Zeitung zu ihrem 50. Geburtstag ein Preisausschreiben veranstaltete. Über Tage hinweg mussten Buchstaben gefunden, zu einem Satz gefügt, auf eine Postkarte geschrieben und an den Verlag geschickt werden. Das taten 65.000 Leserinnen und Leser, und Hanna Sewig war eine davon. Sie nahm, und das war der grandiose Einfall, die Postkarte mit ihrem Rosenbild aus dem NDR-Kalender,

beschriftete sie mit der richtigen Lösung und schickte sie ab.
An einem Sonnabend war die Ziehung der Hauptgewinne. An jenem Nachmittag haben wir uns – wir wohnten in der Nachbarschaft – durch Zufall vor den Garagen getroffen, und Hanna Sewig strahlte mich mit den Worten an: „Ihre Rose ist mein Glücksbringer." Unglaubliches hatte sich zugetragen. Zur öffentlichen Ziehung, veranstaltet in einem Autohaus, waren alle Einsendungen in Wäschekörben aufgestellt. Meine Nachbarin war eher zufällig unter den Zuschauern. Und da sah sie, wie ein fünfjähriges blondes Mädchen einen Korb auswählen durfte, der wurde ausgeschüttet, und da lag oben auf dem Postkartenberg, ganz oben, ihre Rosenkarte, die mit der Radiorose, und leuchtete rosa. Dann wurden die Karten durcheinander geschoben, die Rose verschwand, bis – ich habe das Foto am Montag in der Zeitung gesehen – das kleine Mädchen eine Karte herausziehen musste. Sie zog die mit dem schönen Rosenbild. So gewann Hanna Sewig einen Mittelklassewagen im Wert von 45.000 D-Mark.
Das Auto fährt heute noch. Und die Fotografin ist fest davon überzeugt, dass sie es nur unserer Rose zu verdanken hat.

Die Malerin und der Rosenzüchter

Sommer 1997. Die Malerin Marlis Mörker aus Bramsche hört im Radio den Aufruf zum Rosenbilderwettbewerb. Die 'NDR 1 Radio Niedersachsen'-Rose ist erst seit 1996 auf dem Markt und nur an wenigen öffentlichen Plätzen zu besichtigen. Und diese geheimnisvolle neue Rose soll fotografiert, soll gemalt werden. Marlis Mörker will sie malen. Am liebsten nach der Natur. Notfalls auch nach Fotos, die könnte ihre in Hannover lebende Tochter liefern, dort soll

Das neueste Rosen-Aquarell der Malerin Marlis Mörker.

sie ja schon am Maschsee wachsen. Aber die Tochter hat viel zu tun und kommt nicht dazu. Marlis Mörker weiß sich zu helfen, sie ruft den Züchter persönlich an, Wilhelm Kordes in seinem Büro. Wo denn die NDR-Rosen zu besichtigen seien, wollte sie, bitte schön, wissen, und sie erhielt Auskunft: Im Kordes-Schaugarten in Sparrieshoop zum Beispiel, oder im Europa-Rosarium Sangerhausen, oder eben vorm Funkhaus am Maschsee in Hannover. Man wird sehen. Es wird schon passen. Man telefoniert freundlich miteinander.

Ein paar Wochen später. In einem Zug zwischen Elmshorn und Hamburg sitzen in einem Abteil zwei Ehepaare gegenüber. Sie haben sich nie zuvor im Leben gesehen. Sie kennen sich nicht. Die eine Dame spricht von ihrer Tochter, die doch hoffentlich bald die Bilder von der Rose schickt, damit sie mit dem Malen anfangen kann. Die andere Dame mischt sich ins Gespräch ein: Ob sie denn am Rosenbilderwettbewerb teilnehmen wolle? Man machte sich miteinander bekannt. Es waren Marlis und Siegfried Mörker aus

Bramsche und Ute und Wilhelm Kordes aus Barmstedt. Die Malerin und der Rosenzüchter, die miteinander telefoniert hatten. Die Chance, sich ohne Verabredung in diesem Zug zu treffen, muss bei eins zu wie viel Millionen gelegen haben. Aber sie haben sich hier getroffen. Und später noch mehrfach, bei angenehmen Rosenangelegenheiten. Rosen führen Menschen zusammen.
Wer heute im Internet nach Marlis Mörker sucht, wird sie und ihre Werke schnell finden. Und den Hinweis auf 1997: Preisträgerin im Wettbewerb „Die schönsten Rosenbilder" des Norddeutschen Rundfunks, Hannover. Dort hängt ihr Bild, wie andere preisgekrönte, noch heute als gern gesehenes Porträt einer inzwischen berühmt gewordenen Rosensorte. Marlis Mörker arbeitet heute fast ausschließlich in der Technik des Aquarellierens. Zu ihren Hauptthemen gehören Landschaften, Blumen und Stillleben. Ihre ganze Leidenschaft gehört allerdings den Blumen und hierbei insbesondere den Rosen. Die eine Rose, unsere Rose, hat sie in vielen Variationen immer wieder neu gemalt. In Bad Rothenfelde habe ich einmal ihre Gemäldeausstellung eröffnen dürfen, und ich erinnere mich mit Vergnügen, wie ihr Porträt unserer Rose als erstes eine Käuferin fand: Als Geschenk für den Ehemann, zum Geburtstag.
Einmal habe ich Mörkers in Bramsche besucht und ihren Garten mit den vielen schönen Rosen angesehen. Sie malt sie nicht nur, sie pflanzt und pflegt sie auch. Sie hatte aber auch schon Schulkinder bei sich im Garten, in den Sommerferien, und hat gemeinsam mit ihnen gemalt. Rosen natürlich. So wächst eines aus dem anderen und wird weitergegeben. Rosen führen Menschen zusammen.
Rosen und Zufall? Manchmal wird es mir unheimlich. Da habe ich nach fünf Wochen eine wichtige Arbeit beendet, und genau in dem Moment kommt ein E-Brief von Marlis Mörker bei mir im Computer an. Die Künstlerin zeigt mir ihr neuestes Rosenaquarell. Welche Belohnung!

Christl Flocke und die Roseneuphorie

Ein hartgesottener Rosenverweigerer und Blumenmuffel müsste nur Christl Flocke kennenlernen. Die Rosenfreundin würde ihn schon bekehren, da gehe ich, der ich niemals wette, jede Wette ein. Wenn Christl Flocke im Bergischen, nicht weit von Köln, das Wort Rosen schreibt, schreibt sie ROSEN. Rosen werden bei ihr groß geschrieben. Und das ist wortwörtlich zu nehmen. Alles an ihr hat mit Rosen zu tun. Vom Hut über die Brille – auch sie ist mit Rosen verziert – übers Kleid zu den Schuhen, ob Handtasche oder Schirm, vom Schmuck ganz zu schweigen: Alles zeigt Rose. Auch alles um sie herum ist von Rosen geprägt. Vom Hauseingang bis unters Dach umgibt sie sich mit jeglicher Form, für die Rosen jemals verwendet wurden. Sie hat all diese Gegenstände nicht etwa planmäßig gesammelt, sie sind ihr in vielen Jahren einfach zugeflogen, sie hat sie aufgelesen, wo immer sie sie entdeckt hat, und sie hat Augen dafür, Rosen in Schaufenstern und in Läden zu erspähen. Oder sie hat sie einfach bei Künstlern in Auftrag gegeben und für sich anfertigen lassen, als Einzelstück nach ihrer Idee, nur für sie produziert.

Bei Christl Flocke und durch sie werden tote Gegenstände lebendig. Aber sie blieben Sachen, wären da nicht die lebenden Pflanzen, die Rosen in ihrem großen Park am Hang hinterm Haus. Vom Wintergarten im ersten Stock kann man alles gut einsehen. Jede Rose ist mit Bedacht an ihren Ort gesetzt, umgeben von wertvollen Gehölzen. Der Gast spürt mit dem ersten Blick: Hier ist eine besondere Rosengärtnerin am Werk. Und welche Geschichten kann sie dazu erzählen! Wer aus der Rosenprominenz ist nicht schon bei ihr zu Gast gewesen und hat mit Ideen zum Gelingen der Anlage beigetragen. Der deutsche Liebhaberzüchter Ewald Scholle aus dem Rosendorf Seppenrade hat ihr eine Rose gewidmet, die Edelrose

'Christl Flocke', mit Blüten in aprikot-rosa, leicht duftend, mit starken Stacheln. Man nennt sie auch *Rosa euphorica*; denn es ist die reine Roseneuphorie, die diese Frau umtreibt. Rosen bestimmen ihr Leben, geben ihr Kraft auch in der Trauer, schenken ihr inneren Reichtum und eine Ausstrahlung, die niemand vergisst, der ihr je über den Weg gelaufen ist.

Manchmal, wenn sie im Fernsehen als Rosenfachfrau interviewt wird, nimmt sie auch ein Pseudonym an, damit ihr Rosenpark nicht unkontrollierten Besuch erhält. Sie heißt dann ganz einfach Rosemarie Rose.

'Rosendorf Steinfurth 04' – bekommt nie Mehltau, es sei denn …

In meinem Garten wächst eine Kletterrose, die als kräftig und gesund gilt, als wenig anfällig gegen Mehltau. Das ist diese Pilzkrankheit, die sich so unangenehm mit einem weißen Belag auf Knospen und Blättern und Stängeln auswirkt. 'Rosendorf Steinfurth 04' heißt der moderne öfterblühende Rambler, eine Züchtung der Steinfurther Rosenschule Schultheis. Sie bekommt viele zauberhafte rosa Blüten, sie duftet – ein Gewinn für die lange Kletterrosenwand aus Holz, die uns von unseren Nachbarn trennt. Jeder bei Schultheis schwört Stein und Bein, dass sie keinen Mehltau bekommt. Bei mir hatte sie ihn aber, wochenlang, und keiner kann es sich erklären.

Ihr Standort ist eigentlich günstig. Da ist viel Sonnenschein, ohne dass es jemals zu heiß wird. Da ist es geschützt, und doch streicht immer die Luft an der langen Wand entlang. Aber irgendwelche Ursachen für Mehltaubefall müssen doch gegeben sein. Vielleicht die Besonderheiten des Frühsommers 2006, die Wärme am Tag, die Kälte in der Nacht, Trockenheit, zu viel Regen, oder alles nacheinander.

Als Freizeitgärtner musst du manches lernen. Allem voran: Geduld. Die bringe ich für 'Rosendorf Steinfurth 04' gern auf. Ich bin zuversichtlich, dass es sich lohnt. Noch ist es viel zu früh, ihr im persönlichen Gespräch mit dem Spaten zu drohen. Bald wird sie wieder gesund sein.

'Rouge Meilove' – zwei duftende Türwächter

In meinen Gärten experimentiere ich gern. Vorn an der Haustür, da habe ich jetzt zwei 45 cm hohe Kübel aufgestellt, rechts und links vom Eingang. Hinein gepflanzt habe ich je eine Beetrose, die Meilland-Züchtung 'Rouge Meilove'. Das sind unsere neuen Türwächter.

'Rouge Meilove' sagt: Willkommen!

Gerd Hartung in Raa-Besenbek hat mir zu dieser Sorte geraten, weil sie sich für Kübel eignet. Sie hat seriöse dunkelblutrote Blüten mit leichtem Duft, eine hohe Widerstandsfähigkeit gegen alle denkbaren Blattkrankheiten, und regenfest ist sie. Das Gütezeichen ADR-Rose gibt mir Zuversicht: Das Experiment soll wohl gelingen. 'Rouge Meilove' bewachen unser Haus auch zuverlässig, wenn wir nicht da sind. Und trösten Besucher, die vergeblich klingeln, einfach mit ihrer Gegenwart und ihrer Schönheit.

'Schneewittchen' – Geduld mit der Jahrhundertrose

In Sangerhausen im Rosarium, gleich hinterm Stadteingang, beherrscht sie mit mehreren Exemplaren ein großes Beet. Hier strahlt die 1958 von Reimer Kordes in die Rosenwelt geschickte Jahrhundertrose 'Schneewittchen' in schönstem Schneeweiß, jahraus, jahrein. Die mir Angetraute war genauso beeindruckt wie ich. Wir wollten beide auch diese Rose gern bei uns haben, hätscheln, wachsen sehen, blühen und gedeihen.

Wir haben es versucht, doch das Wunderwerk der Rosenzucht tut sich schwer bei uns in der Tiefenriede. Die erste Pflanze ist uns wohl vertrocknet, die zweite mag ein Wühlmausopfer geworden sein. Dann haben wir – nach gründlichem Bodenaushub, wegen der möglichen Rosenmüdigkeit – gleich drei im richtigen Abstand gepflanzt, später gut gedüngt, immer gut gewässert. Eine, zugegeben kleine, ist davon noch übrig. Sie gehört eher zu den sieben Zwergen als zur einen Prinzessin.

Ich weiß ja, dass ich im Garten geduldig sein muss, nicht mit allen Rosen, aber doch manchmal mit der einen. Aber wenn das im nächsten Sommer nicht anders wird, lese ich ihr vor, laut und deutlich, was alles an Positivem in den Büchern über sie geschrieben wurde. Das ist mein letzter Versuch. Und falls auch der nicht hilft, dann – , ja, dann sehe ich mir 'Schneewittchen' immer besonders lange an, wenn ich in Sangerhausen bin.

„Ich mag keine Rosen, ich liebe Tulpen!“

Eines kann ich nicht verschweigen: Sie war ehrlich, die Kleingärtnerin, die mir an meinem kleinen Info-Tisch zur Rosenberatung in der großen Messehalle gegenübertrat. Ihre kraftvolle Begrüßung lautete: „Ich mag keine Rosen. Ich liebe Tulpen.“

Was antworten Sie, wenn Sie selbst Kleingärtner sind, Rosen mögen und gern höflich bleiben? Manche Sätze sagen Sie, manche denken und verschweigen Sie.

Ich habe mich wohl ein wenig herausgeredet: „Niemand muss Rosen mögen, das ist und bleibt freiwillig, und Tulpen sind ja auch ganz nett“, und auch: „Ich mag Tulpen. Aber Rosen faszinieren mich.“ So in dieser Art.

Dabei fiel mir ein, wie unser früherer Bundespräsident Gustav Heinemann einmal reagiert hat, als er gefragt wurde, ob er sein Vaterland liebe: „Ich liebe – meine Frau.“

Rosen und die Freiheit vor dem Gesetz

Wer einen Kleingarten pachtet, der muss sich Gedanken darüber machen, was er da eigentlich tut. Vor unserem ersten Spatenstich in die Scholle, vor dem ersten Einsatz der Heckenschere haben wir uns der Theorie gestellt. Denn: Zwischen einer Parzelle in einem Kleingärtnerverein und einem Garten am eigenen Haus bestehen wesentliche Unterschiede. Diese ist gepachtet, jener Eigentum. Diese unterliegt dem Bundeskleingartengesetz, der Gartenordnung, der Vereinssatzung. Jener unterliegt den Gesetzen der Natur und der persönlichen Ausstattung des Eigentümers mit Geschmack sowie Geschick.

Für einen Schrebergarten zahlen die meisten Gartenfreunde einen niedrigen Pachtpreis. Ihre Laube ist eben kein Wochenendhaus mit Wohnrecht, auch keine der Spekulation zugängliche Immobilie. Ihre Ackerfläche ist nicht zur beliebigen Nutzung frei – Waldbäume gehören nicht hierher, ein reiner Spielplatz darf nicht sein, auch kein Gewerbebetrieb, Monokulturen sind tabu. Das ist eben der Preis für die zumeist von der öffentlichen Hand subventionierte Pacht. Die berühmte kleingärtnerische Nutzung ist dafür Bedingung. Dazu gehört das Erzeugen gärtnerischer Produkte, also von

Auch in einem Kleingarten finden sich viele schöne Plätze für Rosen, solange sie nicht die einzigen Gartenbewohner bleiben.

Obst, von Gemüse. Neben den Zierpflanzen und den Erholungsflächen sind sie der Kern des Kleingärtnerdaseins. Danach habe ich mich in meinem Kleingarten zu richten. Im Garten am eigenen Wohnhaus habe ich diese Auflagen nicht.
Mit beiden Situationen komme ich per saldo ganz gut zurecht. Rosen gehören zum Glück in beide Gartenformen.
Wenn ich allerdings im Kleingarten nur Rosen wachsen ließe, wäre das wohl eine unzulässige Monokultur. Ich habe ja auch nur 111 und daneben Obstbäume, Beerensträucher, ein Kräuterbeet – nur für den Anbau von Kartoffeln und Kohl fehlt mir inzwischen Fläche. Die Grenzen nach vier Seiten sind nämlich unverrückbar. Nur nach oben ist viel Platz, weshalb ich Kletterrosen mag; auch Bodendeckerrosen erziehe ich gern zu Kletterern. 'Sommerabend' von Kordes und 'Hannovers Weiße' von Noack machen besonders gut mit.
Rosen sind aber auch, sofern sie Hagebutten produzieren, Vitaminlieferanten. Zwei Drittel unserer Rosen versorgen unseren Kleingarten mit Hagebutten; wir könnten sehr viel Konfitüre einkochen, wenn wir nicht den Zierfaktor und die Bereitstellung von Futter für unsere Gartenvögel vorziehen würden. So viel Freiheit wird mir das Bundeskleingartengesetz bestimmt einräumen.

Heitere Gäste, glückliche Gastgeber

Ein Bröckchen vom Rosinenbrot hatte meine Frau an den Rand des Rasens geworfen. Unter den Rosensträuchern kam mutig ein Mäuschen hervor, ein kleines braunes, trotz der vielen Menschen im Garten, und schnappte sich den für sie großen Bissen. Die Maus hatte die Rechnung ohne eine unserer Meisen gemacht. Die flog in die Nähe, hüpfte die letzten Schritte und krallte sich ebenfalls das süße Stück. Die Maus wich zurück und kehrte wieder. Die Meise wich aus und kam zurück. Ein spannender Streit um die Mittagsmahlzeit fand hier statt, und unsere Gäste sahen mit Spannung und Heiterkeit zu. Der Ausgang des Duells ist uns nicht mehr in Erinnerung, einer wird mit dem größeren Teil verschwunden sein.

Das war bei der Aktion „Offene Pforte“, an der wir uns mit unserem Kleingarten seit Jahren beteiligen. Da gibt es für die Gäste immer viel zu sehen, für uns Gastgeber viel zu erzählen. Das Mäuschen und die Meise boten eine willkommene Einlage – gelassen soll es zugehen in unserem Gartenleben, und dazu gehört nun mal das Tierleben der Tiefenriede. Mäuse sind da öfter mal unterwegs, auf Nahrungssuche – taucht ein Vogel über ihnen am Himmel auf, huschen sie in Wildeseile unter die nächstgelegenen Stauden.

Meisen sind unsere Stammbewohner seit vielen Jahren, wir wissen nicht, in der wievielten Generation. Wer aus unserem Brutkasten schlüpft, bleibt wohl gern in der Nachbarschaft. Und da sind – neben der natürlichen Vogelnahrung – auch immer mal ein paar Happen, die vom Nachmittags-Kaffeetisch abfallen. Manchmal flattern die Meisen auf den Gartentisch. Sie holen sich auch schon mal, aufgeregt auf der Stelle flatternd, einen Leckerbissen von der flachen Hand. Und bei meinem Mittagsschlaf haben sich vorwitzige Jungmeisen aus einer siebenköpfigen Vogelfamilie auch schon mal auf meine Schulter gesetzt. Ich revanchiere mich für Anhänglichkeit und liefere unbehandelte Blattläuse auf rosigen Präsentiertellern.

Von all dem ist bei uns die Rede, wenn die Gartenpforte offen steht und Gartenfreunde aus der weiten Region zu uns kommen, weil sie auf 111 Rosen in einem kleinen Kleingarten neugierig sind. Die Rosen stehen im Mittelpunkt, aber viele Erfahrungen und Erlebnisse aus dem Gartenleben werden ausgetauscht. Es ist ein Geben und Nehmen, von dem alle profitieren, an dem alle ihr Vergnügen haben. Heitere Gäste lassen am Abend eines solchen Tages glückliche Gastgeber zurück.

Einmal war sogar ein großer Schäferhund unter unseren Besuchern; sein Herrchen hatte artig gefragt, ob der Hund hereinkommen dürfe, er sei wohlerzogen. Und das war er dann auch, benutzte die Wege, folgte seinem Rudelführer auf dem Fuß, sah sich mit ihm alle Rosen an und machte einen rundum zufriedenen Eindruck. Beide dürfen gern wiederkommen.

Rosenfutter aus der Kompostregenwurmwanderkiste

Vor vielen Jahren, als die Bundesgartenschau nicht weit von Schalke 04 in Gelsenkirchen zu Gast war, habe ich dort etwas Praktisches, Nützliches, Nachmachbares für meinen Kleingarten entdeckt: eine Kompostregenwurmwanderkiste. Wolfram Franke, Chefredakteur der Gartenzeitschrift kraut&rüben, war mit mir einen Tag lang unterwegs auf dieser Gartenschau. In einer Randlage fanden wir, was die städtische Volkshochschule zur Demonstration aufgebaut hatte: Zwei in die Erde eingelassene Kompostbehälter, mit einer Trennwand aus durchlöcherten Ziegelsteinen. Wolfram Franke kannte sogar den Erfinder, das gab mir noch mehr Zutrauen.

Ich habe das Ding also bei mir in Hannover nachgebaut: 1,60 m lang, 80 cm breit, 80 cm tief, mit Ziegelsteinen als Trennwand. Dann habe ich die linke Kammer mit Kompostmaterialien gefüllt und ein paar hundert Kompostwürmer „Tennessee Wiggler" dazu gesetzt. Die Würmer mit dem schönen lateinischen Namen *Eisenia foetida* sind schwänzelnde Vielfraße; sie vermehren sich fröhlich, überwintern im warmen Erdreich und produzieren munter die allerbeste Komposterde. Während sie in einer Kammer tun, was ich ihnen aufgetragen habe, fülle ich die zweite Kammer. Wenn sie links nichts mehr zu fressen haben, kriechen sie durch die Löcher in den Ziegelsteinen nach rechts herüber und finden da neues Kraftfutter.

Diese tierischen Starkzehrer unterscheiden sich vom Gemeinen Regenwurm mit dem noch schöneren lateinischen Namen *Allolobophora calligonosa,* den wir üblicherweise als tüchtige Umgraber überall im Rasen und auf Beeten finden. Sie haben deutlich mehr Appetit und bekommen deshalb alles Kompostierbare aus Küche und Garten. Als Gegenleistung liefern sie mir zwei bis drei Mal im Jahr drei bis fünf gefüllte Schubkarren bester Komposterde. Das ist gesundes, kräftiges Futter für meine Pflanzen, und die Rosen bekommen dann und wann einen guten Happen ab.

Oben nicht mehr als unten

Aus Schaden wirst du klug. Im günstigen Fall. Da hatten wir eine üppig gewachsene Wildrose, die ihrem Besitzer für seinen Kleingarten zu mächtig geworden war, ausgegraben und für einen neuen Standort vorgesehen, draußen vor der Anlage, zwischen Fußweg und Parkplätzen. Mein zaghafter Rat, sie vor dem Transport kurz zu schneiden, wurde ignoriert; denn zu kräftig und imposant wirkte sie da auf der Schubkarre, und es wäre wohl schade um jedes Stückchen Holz gewesen, das der Schere zum Opfer gefallen wäre. Nun gut, dann eben nicht, versuchen wir es.

Am neuen Standort wurde sie sorgsam gepflanzt, begossen, mit guten Wünschen ins nächste Jahr entlassen. Da trieb sie noch ein wenig aus, immer weniger, bis sie, Stück für Stück, immer mehr verdorrte. Die wenigen Wurzeln, die beim Ausgraben übrig geblieben waren, konnten die dicken und langen Triebe nicht ausreichend ver-

Eine Wildrose blüht auch nach dem Umpflanzen weiter so schön, wenn man ein paar Grundregeln beachtet.

sorgen, das rächte sich. Wir hätten sie weit herunterschneiden müssen, sodass über der Erde nicht mehr gestanden hätte als unter der Erde. Siehst du wohl. Aus Schaden wirst du klug. Fürs nächste Mal.

Ich schau in deine Augen, Kleines!

Gartenfreunde sind so eitel oder so wenig eitel wie die meisten anderen Menschen auch. Nicht jeder, der eine Brille braucht, setzt sie auch immer auf. Schon gar nicht, wenn der Blick auf eine großzügig ausgeweitete Rasenfläche oder einen mächtigen Zwetschgenbaum keine Details erkennen lassen muss.

Dabei fällt mir ein Gartennachbar ein, der von mir wissen wollte: „Wo sind denn an meinen Rosen eigentlich die Augen?“ Nichts leichter, dachte ich, als ihm die Augen zu zeigen, damit er – einen halben Zentimeter darüber – zum Schneiden die scharfe Rosenschere optimal ansetzen kann.

Gesagt, gezeigt: Hier sind sie, die Knospen, aus denen sich die neuen Triebe bilden, die Vegetationspunkte, diese kleinen Erhebungen auf dem Holz, eben die Augen der Rosen. „Aha“, sagte der Gartennachbar, und ein paar Wochen später: „Ob Sie mir wohl noch einmal zeigen könnten, wo an meinen Rosen die Augen sitzen?“ Ich habe es geduldig getan und dezent, in meiner zurückhaltenden Art, auf den Gebrauch der Brille verwiesen. Nun kann er, falls er auch mit seinen Rosen spricht, zu ihnen sagen: „Ich schau in deine Augen, Kleines.“

Damit er beim Schneiden seiner Rosen nicht die falschen Stellen erwischt, habe ich ihm vorsichtshalber verschwiegen, dass bei den Rosen auch eine zweite Bedeutung des Wortes Augen gebräuchlich ist. Die habe ich beim Recherchieren im Internet entdeckt, unter www.kordes-rosen.de . Diese Augen sind nun noch leichter zu entdecken als die anderen: „Augen sind auch helle oder dunklere Zentren einer Blüte.“ Und in die schaue ich bei meinen Rosen noch viel häufiger.

Ein Kleingärtner sprengt Rasen und Rosen – mit Dynamit?

Das war ein erfahrener Hobbygärtner in Wolfsburg, der mir in meiner Vortragspause sein Leid klagte: „Ich sprenge im Sommer abends gründlich meinen Garten, auch die Rosen, aber im Juli haben die schon keine Blätter mehr. Ich habe schon keine Lust mehr, neue

Rosen zu pflanzen.“ Ich fragte ihn, womit er sprengt. Es war nicht Dynamit. Sondern Wasser.

Offenbar besprengte er seine Rosen mit viel Wasser und mit durchschlagendem Erfolg, sodass die Pilzsporen des Sternrußtaus es richtig gut in seinem Garten hatten. Er kannte einfach nicht den Zusammenhang zwischen dem Wasser auf den Rosenblättern und der Verbreitung von Rosenkrankheiten. Er hatte sich nie etwas Böses dabei gedacht, wenn er seine Rosen – wie beim Rhododendron nützlich und hilfreich – von oben bis unten mit Wasser besprengte. Noch dazu abends, sodass sie möglichst lange nicht abtrocknen konnten. Ich helfe meinen Rosen in heißen und trockenen Wochen mit gründlichem Wässern. Aber ich gieße nicht jeden Tag, sondern nur einmal in der Woche. Gleich am frühen Morgen. Und dann reichlich: 20 bis 40 Liter pro Pflanze, je nach Größe. zwei bis vier Gießkannen Wasser aus der Regentonne, notfalls aus der Wasserleitung, langsam unten an den Wurzelstock gegossen und nicht etwa über die Blätter, das ist die nötige Menge. Ich will ja nicht die Luft befeuchten, sondern die Wurzeln meiner Rosen versorgen, und die reichen tief in den Boden hinunter. Also muss ich dafür sorgen, dass die Gartenerde bis tief in die Erde durchfeuchtet wird und nicht nur oberflächlich. Wenn es sein muss, spendiere ich noch zehn Liter mehr.

Der Wolfsburger Gartenfreund kann jetzt richtig wässern – und wieder neue Rosen pflanzen.

Der Misserfolg des Gärtners ist nur sein Umweg zum Erfolg.

Dies ist meine Rose, ich habe sie selbst gepflanzt!

Wer auf der Ostfriesischen Insel Norderney im März Rosen pflanzen will, der muss sich keine Sorgen machen – mit Frost ist da eigentlich nie zu dieser Zeit zu rechnen.

Wir wollten auf Norderney Rosen pflanzen im Monat März, bei und mit den Kleingärtnern. Eine schöne Anlage haben sie mit Blick aufs Wattenmeer, in Richtung Süden, da liegt Norden, die Stadt Norden mit Norddeich, dem berühmten Fährhafen, Endstation für die Eisenbahn. Als wir den Termin festlegten, waren wir sicher: Die Nordsee wird nicht zufrieren, der Boden in der Kleingartenanlage wird nicht gefroren sein, im März kann man auf Norderney Rosen pflanzen. Im Prinzip schon. Es sei denn, wir bekommen ein Ausnahmejahr. Und genau das haben wir erwischt. Kurz vor dem Termin stand fest: Es geht wirklich nicht, wir müssen verschieben auf April, bis dahin wird der Boden wieder frei sein. Das war er dann glücklicher-

'Pomponella' – eine der ADR-Rosen 2006.

weise auch. Der Pflanzaktion stand nichts mehr im Wege. Regen und Sturm stören ja nur bedingt, Gartenfreunde können das ab. Nur die Harten gehen in den Garten, sagt ein trostreicher Spruch, der in manchen Gartenlauben an der Wand hängt.

Wir haben ein fröhliches, arbeitsreiches, verregnetes Wochenende erlebt. Ich habe den Gartenfreunden die neuesten Rosen mit dem ADR-Gütesiegel gezeigt, in farbigen Bildern. Ich habe ihnen erzählt, wie ich es mit den Rosen halte, und wir haben uns ausgetauscht. Ich habe von den erfahrenen Kleingärtnern gelernt, sie haben von mir gelernt, und am nächsten Morgen haben wir dann – in der kurzen Regenpause – ausgewählte Sorten vor das Vereinsheim gesetzt, neben das Schifffahrtszeichen. Für einige war dies ein besonderes Ereignis, und sie haben sich genau ihre Pflanze gemerkt, damit sie von nun an sagen können: „Dies ist meine Rose, ich habe sie selbst gepflanzt."

Da können Kurgäste und andere Spaziergänger sie jetzt besichtigen: 'Hannovers Weiße', Bodendeckerrose des Züchters Noack, und eine alte, längst vergessene 'Gruß an Hannover', die in Niedersachsens Landeshauptstadt noch bewahrt wird und – wegen der Partnerschaft zwischen dem Kleingärtnerverein Tiefenriede und dem auf Norderney – mitgebracht wurde und nun in Ehren gehalten wird. Und, wie nicht anders zu erwarten, auch die in Altrosa blühende Beetrose mit dem Namen des Radioprogramms, auf das die meisten Norderneyer ohnehin abonniert sind.

Das Grüne muss nach oben

Die Fachberatung ist eine bewährte Institution der organisierten Kleingärtner. Fachberater und Fachberaterinnen eines Vereins haben sich schulen lassen und können die Grundlagen der Gartenarbeit ihren interessierten Mitgliedern weitergeben. Das ist nützlich und wichtig und lebt vom Geschick aller handelnden Personen. Wer als Fachberater ausgebildet ist, weiß mehr als die anderen über die natürlichen Zusammenhänge und die praktischen Erfordernisse. Er hat aber auch gelernt, dass er ständig weiterlernen muss.

Wenn ich Vorträge halte oder Seminare für Theorie und Praxis gebe, dann sind Fachberater die aufgeschlossensten und lernbegierigsten Teilnehmer. Sie lachen sich kringelig, wenn ich ihnen von der Gartenfreundin erzähle, die beim Rosenzüchter Wilhelm Kordes reklamierte, weil die bei ihm gekaufte Rose nicht wachsen wollte. Als Beweismittel hatte sie sogar ein Foto vorgelegt: Da ragten die Wurzeln oben heraus. Die Gartenfreundin hatte den Grundsatz Nummer eins beim Pflanzen einer Rose nicht beachtet: „Das Grüne muss nach oben!“

Kleingartenfachberater haben es gern systematisch. Fürs Rosenpflanzen bedeutet das die Klärung der wichtigsten Fragen zum Beginn: Ist dies ein geeigneter Standort für eine Rose? Welche Rosenklasse passt hierher? Wie viel Platz habe ich? Welche Sorte will ich pflanzen? Welche Rose habe ich jetzt vor mir, welche Sorte aus welcher Rosenklasse? Ist jetzt der richtige Zeitpunkt fürs Pflanzen? Welches Werkzeug brauche ich dafür? Wie gehe ich dabei vor?

Bei der Frage nach dem geeigneten Standort halten wir uns gern etwas länger auf. Was gilt es da nicht alles zu beachten! Das regionale Klima und das Kleinklima am beabsichtigten Pflanzort. Günstige Standorte sind die sonnigen und luftigen. Ungünstig dagegen die im Dauerschatten, oder mit Staunässe bei verdichtetem Boden. Idealer Boden ist der tiefgründig gelockerte, leicht sandige und humose Lehm, mit einem pH-Wert zwischen 6,4 und 7,4. Dies raten alle Experten: Vorsicht bei saurem Moorboden und bei undurchlässigem Ton! Vorsicht auch an weißen Südwänden und auf heißen Terrassen – da droht stauende Hitze! Vorsicht vor Schattenflächen an einer Nordwand; denn ganz ohne Sonne geht es nicht, vier bis sechs Stunden Sonne am Tag sind nötig. Vorsicht unter flachwurzelnden Bäumen!

Wenn jetzt alles klar ist, können wir loslegen und pflanzen. Und uns auf die neue Rosenpracht freuen.

> *„Überall blühen Rosen,*
> *überall blühen Rosen,*
> *überall blühen Rosen für dich."*
>
> *Gilbert Bécaud*

'Shalom' – oder: Das Schicksal einer Troika

Die erste von mir persönlich ausgesuchte Rosensorte hieß 'Shalom', und das erschien mir damals durchaus als politisch korrekt. Außerdem lachten mich die ziegelroten Blüten dieser Zierstrauchrose im farbenfrohen Katalog des Versandhandels so sympathisch an. Ich habe gleich drei bestellt.

Der Sonntag, an dem ich sie pflanzen wollte, war ein Wahltag. Zu jener Zeit trat eine große deutsche Volkspartei mit einer Führungs-Troika an. Solch eine Troika sollte in meinen Kleingarten. Torf habe ich dafür gekauft; denn das stand im Begleitheft aus dem Versandhandel: Torf sollte ich ins Pflanzloch geben. Das habe ich gemacht. Die erste aus der Troika war schon im Frühjahr vertrocknet, die zweite folgte später, und auch von der dritten war nicht viel übrig

geblieben, als ich mich endgültig von ihr trennte. So geht es manchmal zu im richtigen Leben.
Ein beginnender Gärtner muss auch eine Niederlage eingestehen können. Das regt zur Bescheidenheit an. Meine Shalom-Troika war meine erste Rosenniederlage. Ich bin ihr dankbar. Sie hat mich wirklich angespornt. Vor allem habe ich nachgeforscht und schnell herausgefunden, dass der Torfrat nicht dem aktuellen Stand der Erkenntnis entsprach. Diesen Fehler habe ich nie wiederholt.
Für mich ist seither klar: Torf gehört ins Moor. Und nicht in meinen Kleingarten, und nicht zu meinen Rosen.

Stacheldrahtrose, Rosa omeiensis pteracantha – ersetzt den Gartenzaun

Das erste Mal ist sie mir im Europa-Rosarium Sangerhausen aufgefallen, die Stacheldrahtrose mit ihrem unpoetischen, aber praktischen Namen und der schwer zu merkenden, lateinischen Bezeichnung. Sie stellt dort ein mächtiges Gebüsch dar, vieltausendfach übersät mit imposant-zackigen Stacheln.
Dann habe ich sie als Wildrose im „Großen Buch der Garten- und Landschaftsgehölze“ entdeckt, im Standardwerk von Hans-Dieter Warda. Der Professor in Osnabrück und Leiter des Arboretums Ellerhoop-Thiensen in Holstein ist seit Jahrzehnten ein leidenschaftlicher Fotograf, und von der *Rosa omeiensis pteracantha* ist ihm ein aufregendes Bild gelungen: Im Gegenlicht durchscheinende Stacheln an jungen Trieben, wie dreieckige Sonnensegel rot leuchtend, Morgentauperlen auf dem Netz einer Spinne, und diese Spinne seilt sich gerade an einem neuen Faden ab. Lange hat der Fotograf, er-

Die imposanten Stacheln der Stacheldrahtrose.

zählte er mir bei einem Besuch, für dieses Bild auf der Lauer gelegen, bis er den Moment bannen konnte.

Bei mir hat die Stacheldrahtrose schon im zweiten Jahr lange Triebe ausgebildet. Ich habe diese markante Strauchrose, anstelle eines Gartenzauns, an eine Stelle gesetzt, an der früher neugierige Nachbarsknaben über einen Graben in unseren Garten gesprungen sind. Das lassen sie nun, mit großem Respekt vor den leuchtenden Zinken. Und auch die schwarze Katze mit den weißen Pfoten, die regelmäßig ihr Revier absucht, wird die *Rosa omeiensis pteracantha* meiden. Da können, wenn sie wollen, demnächst Vögel nisten und brüten. Ein ungestörteres Plätzchen als gerade hier kann ich ihnen kaum bieten.

'The Fairy' – auch ohne Flutlicht ein Hingucker

'The Fairy', die feenhafte Flächenrose, hat mir schon an mehreren Standorten stilles Vergnügen bereitet. Einmal habe ich einen Hausbesitzer beobachtet, der hatte eine 'Fairy'-Reihe im Vorgarten stehen, am Zugang vom Fußweg zur Haustür. Weil aber dieser Bodendecker von Natur aus bogig überhängend wachsen will und das auch an dieser Stelle tat, und weil die Gattin von Rosen verlangte, dass sie senkrecht in die Höhe streben, musste der Hausbesitzer immer wieder die Heckenschere ansetzen. Es war ein ungleicher Kampf. Die rosige Elfe war eindeutig stärker. Je wilder sie beschnitten wurde, desto üppiger trieb sie aus und streckte ihre Blüten und ihre Stacheln den Fußgängern entgegen.

Dass 'The Fairy' auch Misshandlungen locker überlebt, habe ich in einer anderen Einfahrt erlebt. Da war ein hauptberuflicher Gärtner mit einer benzingetriebenen Kettensäge unterwegs und lichtete das Unterholz aus. Als er vor einem Hochstamm stand, der 'The Fairy' trug, setzte er die Säge an, oben, rechts und links, vorne und hinten, ratzfatz fetzte er weg, was der Säge unter die Zähne kam. Ein paar Wochen später schon sah die Rose so aus, als wäre ihr nichts geschehen. Wer wissen will, was Lebenskraft bedeutet, hier kann er es erleben.

'The Fairy', einfach nicht umzubringen.

Wie nicht anders zu erwarten, hat sich die alte Bodendeckerrose 'The Fairy' auch in dieser Saison bei mir im Vorgarten bewährt. Die Märchenhafte sitzt auf einem dreibeinigen Hochstamm. Das ist eine Kreation der Baumschule Gerdes in Bad Zwischenahn, eine einzige Pflanze mit drei unterschiedlich langen Stämmen, die an Stäben schräg nach oben geführt worden sind. Oben drauf sind drei Fairies okuliert, und die schneide ich am liebsten so, dass sie einer Kugel nahe kommen. Auf diese Weise präsentiert sich mein dreibeiniger Hochstamm mit seiner Blütenfülle für Menschen unterschiedlicher Größe in Augenhöhe. So können Kinder, Normalgewachsene und Basketballspieler direkt auf die rosafarbenen Blüten blicken, ohne sich zu bücken oder zu strecken.
Damit auch späte Passanten etwas davon haben, schalte ich abends immer mal die Laterne an der Haustür ein. 'The Fairy' unter Flutlicht – das nennt man: Hingucker.

Um 6:45 Uhr beim Bauern Rosemann

Es war eine nur scheinbar verrückte Idee von einem sehr realistischen Marketingchef einer Sparkassenstiftung. Könnte man nicht an den populären Radwanderweg am Flüsschen Hase, auf einer Länge von 200 Kilometern, 'NDR 1 Radio Niedersachsen'-Rosen pflanzen, in großer Zahl, auf großen Beeten, als Wegweiser für die Radler sozusagen? Überlegt, geprüft, besprochen, entschieden: Man könnte. Wir konnten.
So haben wir dann am stürmischsten und verregnetsten Märzwochenende in der jüngsten Geschichte Westniedersachsens 3.333 Rosen gepflanzt, in 133 Beeten mit je etwa 25 Stück, in zwölf Orten zwischen Melle und Meppen. Natürlich nicht in den Wald, sondern

nur dort, wo Rosen wachsen mögen. Und wo jemand bereit war, die gepflanzten Wegweiser auch zu pflegen. Der Zweckverband Erholungsgebiet Hasetal mit seinem Geschäftsführer Wilhelm Koormann hatte die Federführung für dieses ungewöhnliche, einmalige Projekt.

Tausende von Bürgern haben an dem Wochenende mit uns Rosen gepflanzt, trotz des Sturms, trotz des Regens, von Sonnenaufgang bis Sonnenuntergang. Es schüttete aus Kübeln, als wir mit unserer Wagenkolonne am ersten Pflanzort vorfuhren, Wilhelm Kordes und Thomas Proll in einem Auto, Ursula Hubertus und ich im nächsten, ein Übertragungswagen für die Beschallung unserer Pflanzaktionen, ein Begleitfahrzeug für Dekoration und Verteilung von Informationen.

Es war 6:45 Uhr an der Quelle des Flüsschens Hase, von Sonnenaufgang nichts zu sehen, und in der Finsternis erwarteten uns viele fröhliche Menschen vom örtlichen Heimatverein unter Regenschirmen.

Wir haben dann unsere Rosen an die Quelle gepflanzt, in der Scheune nebenan ein opulentes Frühstück genossen – ich bewundere Männer, die so früh am Morgen Schnaps trinken können, zum Wohle! – und sind nach exakt geplantem Zeitplan auf gut vorbereiteter Route zum nächsten Rosendomizil weitergefahren. Die Rosenzüchter haben den frühaufgestandenen Einwohnern gezeigt, wie man richtig pflanzt, wir haben viel Spaß miteinander gehabt bis zum Sonntagabend, und ich habe immer von den guten Zwecken erzählt, die wir mit diesen Rosen im Sinn hatten: Hilfen für das Rosarium in Sangerhausen, und Förderung des regionalen Fremdenverkehrs.

Wilhelm Koormann berichtet noch heute gern von der Begeisterung der Bevölkerung, vom Rosenenthusiasmus, der bei vielen bis heute anhält. Paten haben sich gefunden für die Rosenbeete, Ein-

zelpersonen, Vereine. Zum Beispiel in Essen sind alle Beete tadellos gepflegt. Wer die Strecke mit dem Fahrrad abfährt, vom Haseursprung bis zur Mündung in die Ems, kann sich davon überzeugen, was aus der ganz und gar nicht verrückten Idee geworden ist.
Übrigens trägt der Bauer, auf dessen Grundstück wir Rosen neben die Quelle setzen durften, den Namen Rosemann.

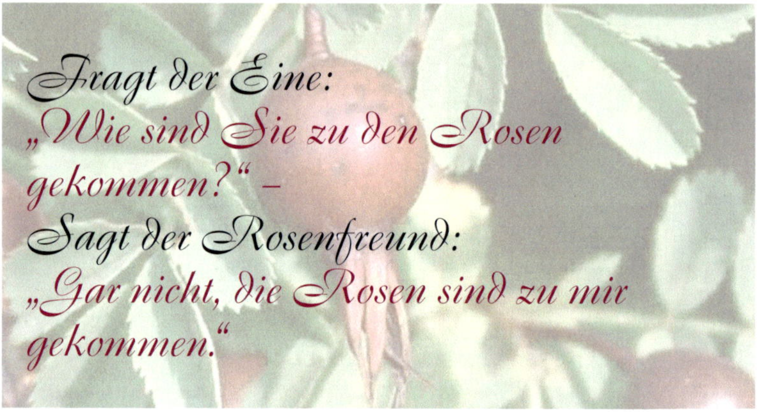

Gute Ideen können wandern

Essen ist eine Großstadt im Ruhrgebiet. Essen ist auch ein Dorf im Oldenburger Münsterland. Dort habe ich Agnes Schade kennengelernt. Sie bewirtschaftet einen Ferienhof und pflegt einen sehenswerten Rosen- und Kräutergarten. Sie gehört zu den Gärtnerinnen, die mehr haben als nur einen grünen Daumen.
Durch Agnes Schades Essen fließt das Flüsschen Hase, und deshalb haben wir auch hier unsere Rosen an den Radwanderweg gepflanzt, wieder bei nicht sichtbarem, verregneten Sonnenaufgang. Der Gemischte Chor sang fröhlich in den trüben Morgenhimmel, und Thomas Lolling aus dem Deutschen Rosarium Dortmund er-

klärte den Sangesschwestern und Sangesbrüdern, was man zum Erfolg mit Rosen wissen sollte.

Wir hatten uns mit unserem Team in der Nacht in Schades Ferienhof ausgeruht, nach einem lebhaften Rosenabend im benachbarten Städtchen. Zum Höhepunkt des Abends verlosten wir neun Rosen unserer Sorte, und Gracia Patricia, Rosenkönigin aus Dortmund, zog den Hauptgewinn just für – Agnes Schade, unsere Gastgeberin. Soviel zum Thema Zufall und Rosen. Diese neun leben seither im Garten am Ferienhof, neben vielen anderen Schönheiten.

Dort habe ich etwas entdeckt, was ich sofort in meinem Kleingarten kopiert habe, und später auch im Garten am Haus: Kleine Tontöpfe auf Bambusstöckchen, auf denen mit regenfester Farbe geschrieben steht, wie die Rosen heißen. So kann sich der Rosengärtner selbst nicht vertun, und Gäste sehen, vor welcher Sorte sie sich gerade verneigen, wenn sie neugierig den Namen lesen. Das ist das Sympathische bei Gartenfreunden: Gute Ideen dürfen wandern.

Weit verbreitet: 'NDR 1 Radio Niedersachsen'.

Auch Herren dürfen Rosen pflanzen

Die Honoratioren im Hasetal werden es nicht vergessen. Eine junge Frau im roten Gewand, Rosenkönigin Gracia Patricia unterm Regenschirm, sprach mit Charme und Sachkunde von der Schönheit und den Lebensbedingungen der Rosen, nahm den Spaten in die Hand, trat kräftig zu und hob das Pflanzloch aus. Damit auch der Gemeindedirektor sehen konnte, wie es gemacht wird.

Der Bürgermeister hatte schon gefrotzelt: Er, der Verwaltungschef, habe noch nie einen Spaten in die Hand genommen, Gartenarbeit sei für ihn Frauensache, und nun sei es höchste Zeit. Das Publikum hatte sein gehöriges Vergnügen, dem Gemeindedirektor half keine Ausrede mehr, vor Gracia Patricia wollte er sich ungern blamieren.

Seither weiß man hier im Ort: Auch bedeutende Herren dürfen Rosen pflanzen. Das macht sogar, genau betrachtet, richtig Spaß.

Ein Rosengarten zum Gesundwerden

Rudi Wernemann war damals Bürgermeister in Bad Rothenfelde. Das Heilbad im Osnabrücker Land ist berühmt für Deutschlands größtes Gradierwerk, das sind diese langen Schwarzdornwände, an denen Sole herunterträufelt – die salzhaltige Atemluft hilft heilen und fördert das Wohlbefinden der flanierenden Kurgäste und Ausflügler. Rudi Wernemann stand eines Tages am Gradierwerk, blickte über die weiten Wiesenflächen zu seinen Füßen und hatte eine Vision: Wenn hier ein Rosengarten entstehen würde!

Der Bürgermeister hatte die Idee und den Durchsetzungswillen,

'Flammentanz' und Bank laden ein.

auf ihn hat man gehört, er hat das nötige Geld beschafft, andere begeistert und zum dauerhaften Mitmachen angestiftet. Gemeinsam mit dem damaligen Gemeindedirektor, der heute Bürgermeister ist, Klaus Rehkämper, hat er das Projekt verwirklicht. Wo einst nur Gras war, ist ein zauberhafter Rosengarten gewachsen.

Ich habe bei der ersten Pflanzaktion ein wenig helfen können und später mit den Freunden des Rosengartens über die Pflege der Rosen diskutiert. Dort, wo Menschen gesunde Atemluft suchen, sollten auch gesunde Rosen stehen, die niemand mit chemischen Mitteln besprühen muss, damit sie leben können.

Rudi Wernemanns Verein „Freunde des Rosengartens Bad Rothenfelde" hat über 200 Mitglieder. 20 von ihnen sind dauernd aktiv, Gärtner im Ruhestand darunter, Anwohner, Pensionäre, Rosenfreunde. Sie arbeiten regelmäßig in ihrer Anlage, sorgen für Erweiterungen, stellen neue Rosenbögen auf, pflanzen Hochstammreihen, schneiden im Frühjahr, putzen Verblühtes aus im Sommer,

besorgen Winterschutz im Herbst, halten die Wege sauber, damit sich alle Besucher wohlfühlen können.
Auf der anderen Seite, gegenüber dem Gradierwerk, steht die Klinik Münsterland, ein Rehabilitationszentrum für Orthopädie. Die Klinik ist auch ein Schwerpunktzentrum für Amputierte. Ich habe dort in den vergangenen Jahren mehrfach mit Ärzten, Pflegepersonal, Patienten gesprochen, und die Gewissheit war immer übereinstimmend: Der Rosengarten ist ein Gewinn für alle, die sich hier aufhalten müssen.
Für beinamputierte Patienten, die auf ihren neuen Prothesen das Gehen wieder lernen müssen, sind die Rosen vor der Klinik ein Ziel, das alle Anstrengungen lohnt. Wenn sie das erste Mal bis zu den Rosen gehen können, dann haben sie es geschafft. Sie dürfen sich auf einer der Ruhebänke niederlassen, dürfen den Duft der Rosen einatmen, sich an der Schönheit ihrer Blüten freuen, und sie empfinden: Es geht wieder aufwärts. Ich kann wieder gehen. Ich darf optimistisch sein. Rosen helfen beim Gesundwerden.

Die meisten Rosen der berühmten Sorte

Uslar im Solling hält den Rekord. Uslar ist die Stadt mit den meisten Rosen der berühmten Sorte 'NDR 1 Radio Niedersachsen'. Horst Johanning, einer der Verantwortlichen in der Stadtverwaltung, sieht es so: „Diese Rose passt in den Solling.“ Diese Rose passt ins Stadtbild, und da finden wir sie in Tausenden von Exemplaren.
Große Rosenbeete stehen zum Beispiel an der Glocke vor der Kirche in der Innenstadt, dort hat alles angefangen, an dem Wochenende, an dem 1.500 Radiorosen nach Uslar kamen. Andere sind in großer Zahl gefolgt. Sie zieren einen Verkehrskreisel, sie wachsen

in Hunderten von Privatgärten wie bei Dagmar und Justus Pahlow, sie blühen im Ortsteil Schönhagen auf dem Dorfplatz und im ErlebnisWald, sie empfangen die Reisenden vor dem alten Bahnhofsgebäude, das zum Jugendtreffpunkt wurde.
Als wir unsere Beetrosen zur Eröffnung des neuen Bauerngartens an der Stadtmauer pflanzten, sagte eine der Helferinnen: „Ich werde einmal in der Woche vorbeikommen und nach meiner Rose gucken." Ich bin sicher, dass sie das auch gemacht hat. Als ich neulich wieder in Uslar war, machten die Rosen an der Stadtmauer einen guten Eindruck. Sie haben meinen Gruß fröhlich erwidert.

Ein Kniefall vor der Rosenkönigin

Ein kalter Nordseewind fegte durch die Innenstadt von Wilhelmshaven. Im Geschäftsviertel, schräg gegenüber vom NDR-Korrespondentenbüro, an vielbegangenen Wegen, war unser Rosenbeet vorbereitet. Jessica I., Rosenkönigin aus Sangerhausen, trug tapfer ihre schulterfreie Robe. Da trat einer der Sponsoren, ein Herr im dunklen Zwirn, zu uns heran, zog das Jackett aus, breitete es auf dem Fußweg aus, kniete nieder und küsste der Rosenkönigin die Hand. Jessica Rüdiger wird diese Geschichte seither oft erzählt haben. Es war an jenem Sonnabend der Auftakt für einen erlebnisreichen Vormittag im Wilhelmshavener Rosarium, mitten im Stadtpark gelegen. Eine bemerkenswerte Einrichtung – von städtischen Bediensteten gegründet, aus Kostengründen von der Verwaltung stillgelegt, von einer Bürgerinitiative, von engagierten Freunden der Rose wiederbelebt zum einzigen Rosarium im nördlichen Niedersachsen. Wer Urlaub an der Küste macht, findet hier ein lohnendes Ausflugsziel.

Mit Rosen infiziert: der Fuchsiengärtner

Der deutsche Sänger Ivan Rebroff war unser Stargast beim Rosenkonzert im ostfriesischen Ihlow, und er trat bei gefühlten 35 Grad Celsius in der Mehrzweckhalle auf, so wie er immer auf der Bühne gestanden hat: Mit dicker, russisch anmutender Pelzmütze. Es muss an diesem Tag der heißeste Ort in ganz Ihlow gewesen sein, der Kopf unter der Pelzmütze von Ivan Rebroff. Seinen Stimmumfang von insgesamt viereinhalb Oktaven, für den der Künstler berühmt ist, hat die Hitze nicht schmälern können.

Als alle Zugaben gesungen und der Beifall verklungen waren, gingen wir ein paar hundert Schritte weiter, mit dem gesamten Konzertpublikum, und sahen uns Gerd Kuhlmanns Fuchsienschau an. Seither bin ich oft dort in Ostfriesland gewesen, im Dreieck zwi-

'Mme Boll' – historische Rose mit starkem Duft.

schen Aurich, Emden und Leer, in Deutschlands größter Fuchsienschau, bei der Familie Kuhlmann, deren Betrieb zwei Mal schon als „Gärtnerei des Jahres“ in Niedersachsen ausgezeichnet wurde.
Stillstand ist Rückschritt. Alles muss wachsen, in den Gewächshäusern, in der Parkanlage, im Geschäftsleben. Kuhlmanns haben im Laufe der Zeit erweitert. Neue Flächen kamen hinzu. Die Saison sollte länger werden. Ich habe von Gerd Kuhlmann viel über Fuchsien gelernt. Ich habe ihm ein wenig über Rosen erzählen können. Da muss es einen Bazillus geben, oder ist es ein Virus? Auf jeden Fall kann er ansteckend wirken. Wenn sich der Infizierte anstecken lassen will. Gerd Kuhlmann und sein Vater wollten.
Aus Kuhlmanns Fuchsienschau ist inzwischen die „Gartenschau Ostfriesland“ geworden. Spektakuläre Rambler überfluten Bäume. Moderne Kletterrosen füllen einen Bogengang. Historische Rosen und die neuesten ADR-Sorten blühen tausendfach. Hier dürfen sich auch die Besucher anstecken lassen von der Faszination der Rosen.

Abenteuer auf steinigem Boden

An einem milden Herbsttag wollten wir Rosen pflanzen. Es war ein besonders geeigneter Ort in unserem schönen Bundesland Niedersachsen. Der Standort für die Rosen war sorgsam gewählt, hinterm Haus, für Besucher zugänglich, von der Sonne beschienen, von Wind durchlüftet. Die Hausherren freuten sich auf das Ereignis. Alles schien vorbereitet.
Der Bürgermeister war eingeladen und erschien pünktlich, mit neuem Spaten in der Hand und Fröhlichkeit im Gemüt. Die örtliche Presse war eingeladen und brachte Notizbuch und Fotoapparat mit. Die Gastgeber hatten in der guten Stube ein zweites Frühstück auf den Tisch gestellt, für den Ausklang nach vollbrachtem Akt.

Wir vom Radio waren da, und unsere Rosen selbstverständlich auch. Wir schritten dann tatenfroh an das künftige Rosenbeet. Auch hier hatten hilfreiche Hände etwas vorgearbeitet, einige Gräser ausgezupft, Wildkräuter entfernt, ja sogar die Krume ein paar Zentimeter mit einer Harke oder anderem Gerät angeraut. Und nun kamen wir mit unseren Spaten. Der Bürgermeister setzte als erster an, trat mit dem Fuß nach und stieß – auf Steine. Wir anderen versuchten es auch, an anderen Stellen, doch mehr als ein paar Zentimeter kamen wir nicht in den Boden hinein. Hier war eine Spitzhacke vonnöten, aber gerade nicht zur Hand.

Ich habe dann einen praktischen Vorschlag unter erwachsenen Menschen gemacht. Die Rosen wurden in die Hand genommen, in Richtung Erde gesenkt, was sie geduldig über sich ergehen ließen. Die Rosenpflanzer lächelten, die Fotos fürs Lokalblatt waren schnell geschossen. Und dann sind wir sofort, ohne weitere Quälerei, zum zweiten Frühstück geschritten, nicht ohne die Rosen mit ihren nackten Wurzeln in Wassereimer zu stellen.

Später dann am Tage, habe ich mir erzählen lassen, sind kundige Gärtner gekommen, haben richtige Pflanzlöcher in den Boden geschlagen, Rosenerde hinzugefügt, und dann haben sie die Rosen so ins Erdreich gesetzt, wie es für sie nötig ist. Wie sie es aber auch verdient haben.

Lasst doch die Wildrosen wachsen!

Wir waren wieder einmal in dem mittelkleinen Heidedorf und schauten uns an, was aus den Wildrosen am alten Bauernhof geworden war. Es war früher Sommer, sie hätten in voller Blüte stehen dürfen. Doch wenig nur war von ihnen zu sehen. Kniehoch standen sie gerade einmal dort, wo wir hohe und breite Sträucher erwartet hatten. Dürftig waren sie mit einzelnen Blüten bestückt, statt – wie es normal wäre – weithin mit ihrem Flor zu leuchten. Was war da nur wieder geschehen!

Im Herbst zuvor, so wurde uns erzählt, hatte der Hausmeister zugelangt, mit seiner Heckenschere. Weil man doch im Herbst alle Rosen herunterschneiden müsse. So wie es die Gemeindearbeiter mit den öffentlichen Wildrosen am Wegesrand ja auch zu tun pflegten, Herbst für Herbst. Niedrig halten, klein halten, so lautet die Devise. Aber wie sollen dann die Wildrosen, wenn ihnen gerade die wichtigen neuen Triebe abgesäbelt werden, Blüten ausbilden? Wo sollen dann die Knospen herkommen, die aus dem vorjährigen Holz wachsen wollen, wenn das vorjährige Holz längst geschreddert ist und nicht mehr am Strauch steht? So muss neues Holz nachwachsen, fürs nächste Jahr. Aber da ist wieder ein Herbst davor, in dem sich das übereifrige Trauerspiel wiederholt.

Es sei denn, jemand tritt dazwischen und ordnet an: Lasst doch die Wildrosen endlich einmal wachsen! Lasst sie das tun, wofür sie geschaffen sind. Gebt ihnen Dünger an die Füße, in den Heidesand, damit sie Kraft bekommen und Freude am Leben. Und vor allem: Schließt für ein paar Jahre die Schere weg!

Höhentest im Harz, 820 m über Normalnull

Der Bürgermeister spielte mit, blieb aber skeptisch. Er wirkte mit, als wir eine stattliche Zahl von 'NDR 1 Radio Niedersachsen'-Rosen vor die Torfhaushütte des Deutschen Alpenvereins pflanzten. Er glaubte aber nicht, dass daraus etwas werden könnte: „Rosen gedeihen hier oben nicht."

Daraufhin habe ich die Aktion zum absoluten Höhen- und Klimatest für diese Kordes-Sorte erklärt. Ich war unerschütterlich optimistisch; denn ein paar hundert Meter weiter steht seit Jahrzehnten der große NDR-Sendemast, der weit ins Land hinein genau das Programm ausstrahlt, nach dem diese Rose benannt ist. Und wenn sie, die Rosen, nach oben blicken würden, dann würde ihnen das ein Ansporn sein, es jedermann zu zeigen: Auch hier im Harz am Torfhaus, 820 Meter über Normalnull, können Rosen wachsen. Auch in diesem rauen Klima, das der doppelten Höhe in den Alpen entspricht, können Rosen gedeihen.

Es tut so gut, wenn man recht behält. An diesem Standort haben sie genug Sonne. Es geht immer Wind. Die Winter sind kalt, aber oft liegt hoher Schnee. Die Saison für Rosen ist kurz, aber ausreichend lang. Die Rose hat ihren Test längst bestanden. Wer nach ihr schauen will, macht hier halt, an der B 4 zwischen Bad Harzburg und Nordhausen. Die Eigentümer haben inzwischen gewechselt, aber die Wirtsleute können gut und gerne Auskunft auch über das Schicksal ihrer Rosen gehen. Dafür interessieren sich viele, die damals davon gehört haben. Im Rosarium in Sangerhausen bin ich einmal Walter Kühne aus Magdeburg begegnet, der erzählte erstens von seinen „NDR-Rosen", mit denen er sehr zufrieden sei, und fragte zweitens, was denn vom Torfhaus zu berichten wäre: Ich konnte ihn positiv bescheiden.

Weil ich gern auf der sicheren Seite bin, habe ich damals eine Kontrollpflanzung initiiert. Direkt am Haus neben dem mächtigen Sendemasten haben meine Kollegen auch 'NDR 1 Radio Niedersachsen'-Rosen gepflanzt. Auch sie haben meinen Test bestens bestanden. Leider blühen sie nicht öffentlich, sie stehen innerhalb des Sicherheitszaunes, der das Gelände vor Spaziergängern schützt. Für die bestünde im Winter Lebensgefahr, wenn zentnerschwere Eisbrocken von den dicken Stahlseilen stürzen können, die den Sender halten. So muss, an Eides statt, die Versicherung meiner Kollegen ausreichen: Die Rosen leben, 820 m über NN.
Den Höhenrekord hat allerdings Claudia Pichler im Kärntner Oberland übertroffen. 860 m über dem Meeresspiegel pflanzte die aus der Peiner Gegend stammende Ehefrau eines Österreichers diese Rosensorte, zur Erinnerung an ihre niedersächsische Heimat.

„Unbekannte Rote“ – ein Dauerrätsel

Seit wir unseren Kleingarten gepachtet haben, steht kurz hinter der Eingangspforte, der Laube gegenüber, eine große, dunkelrot blühende Teehybride. Sie wächst stakelig in die Höhe und zeigt an langen Stielen üppige Blüten, jeweils eine pro Stängel. Wie sie heißt, das weiß ich nicht, ich kann auch niemanden mehr fragen, der sie einmal vor vielen Jahren an dieser Stelle gepflanzt hat. Nun kenne ich ja kundige Rosenfreunde, auf die Verlass ist. Aber wer immer in unseren Garten kommt, es ist niemand darunter, der diese Rosensorte einordnen möchte. Viele hundert Namen kämen in Frage, da mag niemand eine Vermutung anstellen oder sich gar festlegen. Sie bleibt unsere „Unbekannte Rote“. Ein paar Geheimnisse tun jedem Garten gut.

Wunderschöne, aber unbekannte Edelrose.

Rosa virginiana – 111 Rosen leben in meinem Kleingarten

In meinem Kleingarten leben 111 Rosen. Genau 111. Nicht mehr, und auch nie weniger. Obwohl ich diese und jene neue Rose dazu gepflanzt habe. Wenngleich ich ab und zu auf einen Rosenstock verzichten musste. Genau 111. Das erzähle ich seit Jahren, ohne rosarot zu werden, Besuchern unserer Schreberparzelle. Noch nie hat einer nachgezählt. Wenn er es, mit mir zusammen, tun würde, käme er auch auf 111.

Ich kann das erklären. Als wir den Garten übernommen haben, fanden wir eine Heckenrose vor. Oder waren es mehrere in einer Reihe? Aufrechte Sträucher, einmal im Sommer mit kleinen, hellrosa Blüten, und im Herbst mit kleinen Hagebuttenkugeln. Der Rosenzüchter Jochen Klitscher, der mit Reimer und mit Wilhelm Kordes gearbeitet hat, hat sie, anlässlich eines Besuchs in unserem Kleingarten, als *Rosa virginiana* identifiziert, zu einem Zeitpunkt, an dem mein Wissen über Rosen noch jungfräulich war.

Rosa virginiana also. In der einschlägigen Literatur habe ich es schnell herausgefunden, und im Garten habe ich es mit eigenen Augen Jahr für Jahr aufs Neue sehen können: Diese Wildrose bildet Ausläufer, wo immer sie Platz dafür findet. Ist es eine, sind es mehrere oder gar viele? Wenn ich, einmal im Jahr, Roseninventur mache und abzähle, dann kann ich mit dem besten Gewissen der Welt genau so viele *Virginiana* dazu addieren, bis ich auf 111 komme. Und das gelingt mir jedes Mal.

Also ehrlich: 111 Rosen leben in meinem kleinen Kleingarten.

'Warm Welcome' – die verkappte Kletterrose

Das Sprichwort ist heutzutage ein wenig in Vergessenheit geraten: Einem geschenkten Gaul schaut man nicht ins Maul. Aber wie ist das bei geschenkten Rosen?
'Warm Welcome' hieß die kleine Schöne, die ich von der freundlichen Baumschulistin Marie-Luise Kelting in Wolfsburg nach einer gemeinsamen Rosenpflanzaktion erhielt. Ich habe sie in meinen Kleingarten gepflanzt, damit sie unseren Gästen bei der „Offenen Pforte“ einen warmen Willkommensgruß entbieten kann.
Die erste Überraschung waren ihre Blüten, in einer seltenen Farbkombination, zwischen Orange und Zinnoberrot, mit gelber Mitte, und noch dazu anregend duftend.
Die zweite Überraschung war noch größer: Der erwartete Zwerg entpuppte sich als Kletterer. Ich schenkte ihm einen Obelisken, damit ich auf Augenhöhe mit ihm verkehren kann. Und unsere willkommenen Besucher auch.

Und wie heißt du?

Das habe ich schon oft erlebt. Ich stehe in einem fremden Garten, die Besitzerin führt mich herum und zeigt mir eine ihrer Rosenschönheiten. Ich frage nach dem Namen, und sie weiß ihn nicht. Die Rose ist von der längst verstorbenen Mutter gepflanzt worden. Oder sie war das Geschenk einer Freundin. Oder ein namenloses Schnäppchen aus dem Supermarkt, das sich als seltener Hauptgewinn erwiesen hat. Oder sie hat den Namen der Rose gewusst, hat das Namensschild weggeworfen und nie wieder daran gedacht.
Dabei ist der Name doch so wichtig. Wie soll ich sonst, wenn ich die

Rose pflanzen, etwas über sie nachlesen, damit ich weiß, wie groß sie einmal werden wird, ob sie wirklich hierher passt oder ganz andere Bedürfnisse hat? Wie soll ich sie richtig pflegen, wenn ich nicht einmal die Rosenklasse kenne, zu der sie gehört? Wie soll ich mit ihr sprechen, wenn ich nicht einmal ihren Namen weiß?

Rosen haben einen Namen.

Mehr als 30.000 Rosensorten sind weltweit bekannt. Und jede hat ihren Namen. Manche sind mehrfach vergeben worden, da hilft die Jahreszahl dahinter: 'Zwergkönig 78' ist eine andere Sorte als der 'Zwergkönig' aus dem Jahre 1954. Manche Rosen haben auch mehrere Namen. 'Gebrüder Grimm' heißt auch 'Joli Tambour'. Und 'Schneewittchen', Jahrhundertrose aus dem Hause Kordes: 'Iceberg', weltweit.

Nicht alle Namen haben in der Rosenwelt Bestand gehabt. Da war jene Nachkriegsrose, die Wilhelm Kordes II. 'Atombombe' genannt hatte. Das führte zu aufgeregten Diskussionen, auch in der Ostzone, im Rosarium Sangerhausen, wohin Wilhelm Kordes auch diese neue Sorte geschickt hatte. Die kommunistische Lokalpresse empörte sich über die Gewaltverherrlichung, ich habe die alten Zeitungsausschnitte gelesen. Garteninspektor Hans Vonholdt verteidigte sich: Es sei seine Aufgabe, die neuen Züchtungen auch aus Westdeutschland zu zeigen, und so wie sie hießen, hießen sie nun mal.

Im Archiv des Rosariums habe ich einen persönlichen Brief von Wilhelm Kordes an den Rosariumsleiter gefunden, in dem er auf zwei Seiten darlegte, worauf es ihm bei dieser Benennung wirklich ankam. Es war sein flammender Protest gegen den Wahnsinn in der Menschheit, die dabei war, sich und diese Erde mit Atombomben zu zerstören. Doch der Friedensappell wurde missverstanden, und die Rose war nur noch eine Episode in der deutschen Nachkriegsgeschichte.

Es schüttelt sie die Blattlaushysterie

Das werde ich, wenn wir unseren Garten bei der Aktion „Offene Pforte" zeigen, am häufigsten gefragt: „Was spritzen Sie? Sie haben so wenige Blattläuse an Ihren Rosen." Es sind Hobbygärtnerinnen darunter, die schütteln sich vor lauter Blattlaushysterie. Es macht mir inzwischen richtig Spaß zu erklären, dass wir so wenige Blattläuse im Garten haben, weil wir nichts spritzen. Und wir geraten auch nicht in Aufregung, wenn es auf den Rosenblättern krabbelt. Es ist so einfach: Wer Gift auf Blattläuse sprüht, vermehrt die Zahl der Blattläuse. Er trifft nur einen Teil von ihnen, der andere Teil überlebt und vermehrt sich rasch. Die vergifteten Blattläuse werden auch von Nützlingen gefressen, zum Beispiel von den Meisenjungen im Nest, und wenn die dann sterben, fehlt eine Generation von Blattlausvertilgern.

Wer Gift auf Blattläuse sprüht, vermehrt die Zahl der Blattläuse. Wer gar nichts tut, der setzt auf das natürliche Gleichgewicht. Gartenvögel sind die natürlichen Verbündeten unserer Rosen. Zur Aufzucht der Jungen muss ein Meisenpärchen ganz viel Fleisch heranschleppen. Zum Beispiel: Blattläuse. Die muss ich also gar nicht selbst bekämpfen, das erledigen schon meine gefiederten Freunde. Und die Larven von Marienkäfern. Und die Florfliegen. Wenn zu viele Läuse auf den Knospen krabbeln, streife ich sie zwischen zwei

Fingern ab. Oder ich spüle sie mit klarem Wasser ab, das mögen sie gar nicht. Auf Spülmittel im Wasser, das oft empfohlen wird, verzichte ich lieber; unsere Meisenjungen sollen doch keinen Schaum vor den Schnäbeln haben, wenn sie frühstücken. Delikatessen servieren wir am besten prilfrei. Im Normalfall sind die Läuse bald wieder verschwunden, und die kleinen Meisen wachsen heran, von jungen Marienkäfern ganz zu schweigen. Schon nach wenigen Wochen muss sich niemand mehr ekeln, dann sind die Blattläuse wieder weg, und seine Rosen überleben es allemal.

Wovon wir Menschenkinder nur träumen können

Das hat mich schon immer begeistert: Was Rosen alles können. Da hat in meinem Kleingarten die Parkrose 'Hansaland' in einem Sommer viele von Sternrußtau befallene Blätter bekommen. Ich habe sie abgepflückt und, sofern sie schon nach unten gefallen waren, so weit wie möglich aufgelesen und in die Mülltonne gegeben. Dann, im Frühjahr, habe ich den Astkneifer angesetzt. Ich bin dem Rat meiner Rosenfreundeskreisvorsitzenden Eilike Vemmer gefolgt und habe alle Triebe direkt über dem Boden abgeknipst. Alles kam in den Grüncontainer des Recyclinghofes, damit es geschreddert und gefahrlos kompostiert werden konnte.

Und was tat meine 'Hansaland'? Aus den schlafenden Augen der Veredelungsstelle trieb sie neu und kräftig aus, baute sich zum ursprünglichen Erscheinungsbild wieder auf und blühte noch im --selben Sommer, mehrfach, leuchtendrot.

Die gelungene Totalverjüngung, von der wir Menschenkinder nur träumen können, ist für Rosen die selbstverständlichste Angelegenheit der Welt.

Die Schere an den Wurzeln

Ein Rosenfreund freut sich immer, wenn er etwas Gescheites über seine Lieblingsgehölze liest. Ich reagiere sofort auf dieses Stichwort: Rosenschnitt. Und was lese ich in meinem Lieblingswochenmagazin auf einer schönen Baleareninsel? Steht das da wirklich? Ich reibe mir die Augen und lese meiner liebsten Rosenfreundin vor: Nach dem Winter müssten beim Rosenschnitt die Wurzeln eingekürzt werden. Die Wurzeln! Eingekürzt!

Ob die Autorin selbst ihre Gartenrosen ausgräbt, einmal im Jahr und immer wieder, damit sie die Wurzeln beschneiden kann? Oder ob sie den Vorgang nur mit der kleinen Korrektur vorm Pflanzen wurzelnackter Rosen verwechselt hat? Wir wollen, zugunsten der schreibenden und schneidenden Journalistin und zum Nutzen einiger Mittelmeerrosen, das Beste hoffen.

Auch im Winter können Rosen noch Blüten tragen und eine besinnliche Stimmung erzeugen.

Lieber im Garten als in der Vase

Die berühmte Fernsehsprecherin Dagmar Berghoff wurde einmal in einem Rundfunkinterview gefragt, ob sie denn einmal in der Woche aus ihrem Blumenladen einen Strauß mit Rosen der nach ihr benannten Sorte erhielte. Sie musste das verneinen. Rosenkenner wundert das nicht.

Die Beetrose 'Dagmar Berghoff' kann im Europa-Rosarium Sangerhausen besucht und besichtigt werden, was auch die beliebte Fernsehschaffende schon mehrfach getan hat. Ihre Blüten werden als champagnerfarben beschrieben. In der dortigen Datenbank sind Züchter und Jahr der Einführung, 1994, vermerkt. Züchter war demnach der Japaner Tagashira. Aus Japan kam die Rose über Hamburg nach Deutschland.

'Dagmar Berghoff' ist also eine Gartenrose, keine Schnittrosensorte, die in Gewächshäusern oder auf Feldern für den Verkauf in Blumenläden produziert wird. Das ist ein wichtiger Unterschied. Es handelt sich zwar um eine Gattung, aber um zwei Rosenmärkte. Schließlich kann ich 'Mercedes', die Schnittrose aus dem Gewächshaus, auch nicht in meinem Garten produzieren.

Geiz ist teuer

Wie sagte da ein Gartenfreund am Infostand in Uslar, auf dem Wochenmarkt, als wir Rosen für einen guten Zweck, für den Kräutergarten an der alten Stadtmauer, verkauften? „Rosen sind zu teuer." Ich habe nachgerechnet. Für 6 Euro 25 erhalte ich einen kleinen Schnittrosenstrauß, für zehn Tage Dauer, das macht 62 einhalb Cent pro Tag. Für 6 Euro 25 bekomme ich, um beim Beispiel zu bleiben, eine wurzelnackte Gartenrose in der Rosenbaumschule, pflanze sie, pflege sie, freue mich an ihr jahraus jahrein – und rechne ich dann nach gut 17 Jahren die Kosten dieser Gartenschönheit um auf jeden einzelnen Tag, dann komme ich auf einen Zehntel-Euro-Cent. Außerdem: Die billigste Rose – für einen Euro als Schnäppchen im Ramschladen gekauft – kann die teuerste sein, wenn sie sich als Niete in diesem Lotteriespiel erweist. Geiz ist geil? Bei Gartenrosen einfach zu teuer.

Die richtige Sortenwahl ist der Schlüssel zum Erfolg.

Nie und nimmer Stachelröschen

So haben die deutschen Dichter das Volkswissen und Liedgut geprägt: „Alle Rosen haben Dornen." Aber schon 1913 wollte eine Frau A. aus Halle im Frage-Kasten der Rosen-Zeitung wissen: „Hat die Rose Stacheln oder Dornen?" Das Organ des Vereins Deutscher Rosenfreunde unter dem Protektorat Ihrer Majestät der Kaiserin und Königin Auguste Viktoria gab die Antwort: „Die Rose hat Stacheln, keine Dornen."

Damit hätte die Frage ein für alle Mal bis zum heutigen Tage geklärt sein können. Wir eingeweihten Rosenmenschen wissen es natürlich, und es tut immer wieder gut, recht zu haben: Rosen haben Stacheln, falls sie überhaupt welche haben. Aber fragen Sie mal herum, ob uns das jemand glauben will. Die Antwort ist eindeutig: Nein. Was hilft da nur?

Gegen Dichter und Schlagertexter und den weit verbreiteten Dornenglauben hilft auf Dauer nur das immer wiederholte Bohren des dicken Brettes. Naturwissenschaftlich ist es doch ganz leicht zu erklären: Stacheln und Dornen trennt ein deutlicher Unterschied. Schlicht gesagt: Stacheln sitzen oben auf dem Holz und können leicht seitlich abgeknickt werden. Dornen kommen von innen heraus.

Rosen haben Stacheln. Aber nicht alle. Einige Sorten sind arm an Stacheln oder – wie die *Rosa inermis* 'Morletii' – fast ganz stachelfrei.

Rosen haben also keine Dornen, ohne dass deshalb das Märchen vom Dornröschen umbenannt werden müsste. Nein, niemals, nie und nimmer Stachelröschen.

'White Flight' – eine Rosenkönigin und ihre Lieblingsrose

Sie heißt Jessica. Im Sangerhäuser Jubiläumsjahr 2003 wurde sie für zwei Jahre zur Rosenkönigin Jessica I. gewählt. Die Wahl fand Anfang Mai bei einem Galaabend in einem Festzelt im Rosarium statt. Es war bitterkalt und zugig, und Jessica und ihre Mitbewerberinnen um das Ehrenamt der Rosenkönigin verdienten in ihren Ballkleidern um Mitternacht neben dem Applaus des Publikums auch noch eine Tapferkeitsmedaille. Jessica überzeugte die Jury durch Anmut und Schlagfertigkeit, durch sicheres Auftreten und eine große persönliche Ausstrahlung. Als ich sie in ihrem ersten Interview fürs Radio nach ihrer Lieblingsrose fragte, war sie auf diese Frage vorbereitet. Sie nannte die Kletterrose 'White Flight' und fügte diplomatisch lächelnd hinzu, dass sie sich nicht auf eine Sorte festlegen möchte, weil so viele Rosen so liebenswert sind.

Bezaubernde 'White Flight', auch von Königinnen verehrt …

Als ich am 3. Juli, am 100. Geburtstag des Rosariums, mit einer Gästegruppe eine Führung zu meinen Lieblingsrosen machte, gesellte sich die junge Frau im königlichen Rosengewand zu uns. Wir gingen auch zur Kletterrosengruppe in der Nähe des historischen Rosenpavillons und bestaunten die weiße Blütenpracht von 'White Flight'. Nun wussten auch die anderen, was Jessica hier fasziniert. Ich habe einen Rambler dieser Sorte aus Sangerhausen mitgebracht, für unseren Kleingarten. Ich habe ihm einen Obelisken gegeben, den er schnell ausgefüllt hat. Zu unserer „Offenen Pforte“ stand er in prächtiger Blüte. Und Jessica I., die wir als schönsten Gast des Tages zu uns eingeladen hatten, stand lächelnd und fotogen vor einer ihrer Lieblingsrosen. Eine alte Dame mit Fotoapparat hatte mehr als eine Stunde auf diesen Moment gewartet und war glücklich über ihre Begegnung mit einer wirklichen Rosenkönigin. Dieses Gefühl teilte sie mit den Kindern in unserer Kleingartenkolonie. Jessica hat sich schnell in ihre Herzen gelächelt. Und ich erzähle seither den Besuchern in unserem Garten, wenn wir vor dem Obelisken stehen: „Und hier sehen Sie einen Liebling der Rosenkönigin Jessica I. aus Sangerhausen."

'Zoë' – die Moosrose und das Porzellan von Rosenthal

Manche Rosen kommen zu uns, ob wir wollen oder nicht, und begleiten uns dann ein Leben lang. Die Moosrose 'Zoë' war schon bei uns, als wir sie nicht kannten, nicht kennen konnten. Porzellanschälchen von Rosenthal, ein Verlobungsgeschenk, trugen auf der Unterseite die Aufschrift „Moosrose". Jahrzehnte später, als wir anfingen, es mit den Rosen zu haben, entdeckten wir das Kaffeegeschirr „Moosrose" neu, und als wir es besaßen, wollten wir auch wissen, welche der zahlreichen in Sangerhausen lebenden und überlebenden Moosrosen auf diesem Porzellan zu sehen ist.

Im Unternehmen Rosenthal wusste es niemand mehr, der Zeichner dieses Motivs war längst gestorben, die Unterlagen verschollen. Der Journalist, zu dessen Berufskrankheiten das Nachforschenmüssen gehört, gab nicht auf. Wenn es schon ein lebendes Rosenmuseum mit mehr als 7.000 Rosensorten gibt in Deutschland, dann müsste man doch dort in Sangerhausen eine gemalte Moosrose von Tasse und Teller identifizieren können. Hella Brumme im Europa-Rosarium konnte es. Die Blüten auf dem Dekor gehören zweifelsfrei zur Moosrose 'Zoë', einer Historischen Rose. Die Blätter daran

sind allerdings der freien Phantasie des Künstlers entsprungen; er hat sie so gezeichnet, wie sie ihm passend erschienen.
Ich habe 'Zoë' in unseren Kleingarten gepflanzt. Wenn ich im Sommer einen Teller neben die Blüten halte, fällt der Vergleich eindeutig aus. Beim Kaffeetrinken, wenn wir für den Besuch das schöne Porzellan aus dem Schrank nehmen, haben wir immer eine kleine Geschichte zu erzählen, und ebenso, wenn im Sommer Besuch an unsere Moosrosen tritt und – mit Erfolg – an ihnen schnuppert.

'Zwergkönig 78' – Großmutter väterlicherseits

Das erlebt man wohl nur bei Rosenstammbäumen: Dass eine Großmutter Zwergkönig genannt wird, und nicht der Großvater. Bei der Kordes-Züchtung 'Zwergkönig 78' ist das so. Diese Zwergrose ist nämlich die Großmutter väterlicherseits der 'NDR 1 Radio Niedersachsen'-Rose. Ein nachtreibender Zwerg, mit blutroten Blüten. Bei uns in Westerstede bringt diese Sorte eine Partie des Vorgartens bis spät in den Herbst hinein bemerkenswert zum Leuchten.
Bei uns in Hannover habe ich nur eine Pflanze dieser Sorte, und die habe ich genau zu Füßen der Enkel gesetzt. An einem Beet mit meinen Lieblingsrosen – die stammen aus dem allerersten Jahrgang, aus dem Sommer 1995 – habe ich eine 'Zwergkönig 78' gepflanzt. Wer sie aus der Nähe betrachten will, muss schon niederknien, was ihrer Rolle durchaus gerecht wird. Wie im richtigen Leben blicken die jungen Leute ein bisschen herablassend auf die Kleine herunter, und die muss sich manchmal Mühe geben, wenn sie sich überhaupt bemerkbar machen will. Aber wir wissen ja: Sie ist zwar nachtreibend, aber nie nachtragend, und erträgt ihre Situation mit Würde und Gelassenheit. So kann man sich das fürs Alter nur wünschen.

'Zwergkönig 78' bringt einen Vorgarten zum Leuchten.

Rosen können ein Leben verändern

Mein kleines Auto trägt auf dem Kennzeichen die Zahl 111. Das ist in etwa auch meine Reisegeschwindigkeit – reisen statt rasen.
An meinem Fernsehgerät rufe ich oft im Videotext die Tafel 111 auf. Ich erhalte dann blitzschnell die frischeste Eilmeldung. Sie ist rasch überholt durch die nächste. Die Aktualität bestimmt das Tempo. Eile, Geschwindigkeit, Termindruck, Beschleunigung gehörten ein Berufsleben lang zu meinem mit Leidenschaft gelebten Arbeitsalltag.
Bei den 111 Rosen in meinem Kleingarten habe ich die Entschleunigung entdeckt. Hier dürfen meine Handlungen und Bewegungen langsamer werden. Meine Pflanzen hetzen mich nicht. Ich darf mir meine Zeit nehmen. Ich muss nicht dauernd auf die Uhr blicken. Meine Gartenstunden helfen mir beim Aufräumen der Gedanken.

In langen Jahren habe ich viele Rosen kennengelernt, und durch sie und mit ihnen habe ich viele Menschen kennengelernt, denen ich ohne Rosen nie begegnet wäre. Tausend Begegnungen, Ereignisse, Erlebnisse, Erfahrungen, Erkenntnisse verdanke ich den Rosen.
Rosen statt Rasen.
J.M. Barrie hat es in seinem Theaterstück „Peter Pan“ genau getroffen: „Ein klein wenig, wie viel ist das.“
Rosen können ein Leben verändern.

Noch kein Schlusswort

So viele Jahre sind kaum vorstellbar, nur schwer zu fassen: 40 Millionen. So alt sind Versteinerungen von Rosen. Das damalige Erdzeitalter wird von uns heute Eozän genannt, nach der griechischen Göttin der Morgenröte, Eos. Als Rosen ihre Morgenröte erlebten, waren auf diesem Planeten wir Menschen, waren unsere Vorfahren noch lange nicht in Sicht.
Seit ich das Alter der Rosen kenne, und damit das genetisch erhaltene Vorleben der Schätze ahne, die ich heute in meinen Gärten wachsen sehe, habe ich eine Mischung aus Ehrfurcht und Gewissheit ihnen gegenüber. Die Gewissheit nämlich, dass meine Rosen schon wissen, wie sie leben können, auch wenn ein November einmal bitterkalt sein sollte, oder ein Januar frühlingshaft-mild, ein Juli tropisch-heiß, ein August verregnet. Ich muss mir keine großen Sorgen machen. Rosen haben schon gelebt, als sie noch kein Mensch auf den Stock setzen konnte, von den wilden Tieren einmal abgesehen, die die Waldrandpflanzen herunterfressen konnten. Als noch niemand ihre Hagebutten abschnitt und dabei die Augen abzählte. Als noch niemand Blaukorn ausstreute oder Gift auf Blattläuse sprühte.

Rosen im Winter: geheimnisvoll schön

Wenn Rosen noch immer Geheimnisse haben, dann stecken sie seit Millionen Jahren in ihnen.

Wie kurz ist dagegen ein Menschenleben. Im Laufe meiner wenigen Jahre habe ich entdeckt, dass nicht nur Edelrosen aus den fünfziger und sechziger Jahren des vergangenen Jahrhunderts, so schön sie aussehen mögen, edle Rosen sind. Ich habe Respekt vor Rosen gelernt. Sie sind keine Sachen, keine Gegenstände, sie sind Pflanzen, also Lebewesen, auf ihre besondere Art Persönlichkeiten. Ich amüsiere mich manchmal, wenn Rosenfans ihre Ansprüche formulieren: Rosen müssen Charme haben, Duft sowieso; sie müssen am liebsten dauernd blühen, niemals krank sein, sie müssen funktionieren. Ich denke, müssen müssen sie gar nicht. Wenn sie es aber tun: Wie viel schöner ist das für uns.

Je mehr ich über Rosen weiß, desto mehr weiß ich, wie wenig ich über Rosen weiß. Wie viel ich noch wissen möchte. Wie viel mich noch erwartet. Mit meiner Frau Brigitte und unseren Rosen möchte ich alt werden.

Register

Impressum

Mit 41 Farbfotos von:
BKN Strobel, Holm-Kreis Pinneberg: 3, 25, 110, **GartenBildagentur/GLP**, Au/Hallertau: 72, **Gartenschatz**, Stuttgart: 40, 79, 118, 121, **Peter Kiermeier**, Furth ü. Landshut: 136, **W. Kordes' Söhne**, Klein Offenseth-Sparrieshoop: 10, 13, 20, 28, 33, 45, 55, 73, 86, 95, 126, 131, 155, 157, **Marlies Mörker**, Bramsche: 106, **Noack Rosen**, Gütersloh: 66, **Wolfgang Redeleit**, Bienenbüttel: 113, **Reinhard Tierfoto**, Heiligkreuzsteinach/Eiterbach: 52, 62, 78, 101, 148, **Rosarium Sangerhausen**, Sangerhausen: 90, **Rosen-Union**, Bad Nauheim/Steinfurth: 127, **Christian Schultheis**, Bad Nauheim/Steinfurth: 15, 57, 152, **Friedrich Strauß**, Au/Hallertau: 99, **Rosen Tantau**, Uetersen: 142, **Annette Timmermann**, Stolpe: 42, 69, 133, **Reinhart Witt**, Ottenhofen: 82
Bildhinterlegung der Zitate: **Gartenschatz**, Suttgart: Rose, Hagebutte; **Thomas Proll**, Barmstedt: Blatt

Umschlaggestaltung von eStudio Calamar, Girona (Spanien),
unter Verwendung einer Illustration von Susanne Strasser, München
und eines Fotos vom NDR (hintere Klappe).

Bibliografische Informationen der Deutschen Nationalbibliothek
Die Deutsche Nationalbibliothek verzeichnet diese Publikation in der Deutschen Nationalbibliografie; detaillierte bibliografische Daten sind im Internet unter http://dnb.ddb.de abrufbar.

Gedruckt auf chlorfrei gebleichtem Papier

1. Auflage

ISBN 978-3-440-11164-2
Lektorat: Verena Lindenthal
Produktion: DOPPELPUNKT Auch & Grätzbach GbR, Stuttgart
Printed in Slovakia /Imprimé en Slovaquie